Gauthier Wendling

LE SEIGNEUR DES ANNEAUX™

LE JEU DE RÔLE

404 EDITIONS

404 ÉDITIONS
Un département d'Édi8
92 avenue de France, 75013 Paris
www.lisez.com

Un jeu de rôle officiel écrit par Gauthier Wendling
Maquette : Romain Poiré

ISBN : 979-1-0324-0580-2
2e édition. Achevé d'imprimer en février 2023
Prix de vente : 19,95 €
Dépôt légal : septembre 2022
Achevé d'imprimer en Serbie en juin 2022 par Publikum.

LE SEIGNEUR DES ANNEAUX

LE JEU DE RÔLE

À LIRE AUX JOUEURS

Le monde a changé. Je le vois dans l'eau, je le ressens dans la terre, je le sens dans l'air... Oui, tout a changé – et de ce qui existait jadis, il n'y a que moi qui me souvienne.

Moi, Galadriel.

Écoutez ma voix dans vos esprits, *et apprenez que tout commença il y a longtemps, quand les grands anneaux furent forgés.*

Trois furent donnés aux Elfes immortels.

Sept aux Nains, mineurs et seigneurs des montagnes.

Neuf aux Hommes, qui désiraient par-dessus tout le pouvoir.

Mais tous, nous fûmes dupés ! Car un autre anneau fut forgé. Sur les terres du Mordor, dans les flammes de la Montagne du Destin, le seigneur des ténèbres **Sauron** *conçut en secret un Maître Anneau.*

Un Anneau pour les gouverner tous... *ET VOUS SEULS POUR L'EN EMPÊCHER.*

Je vous vois tous dans mon miroir. Vous **m'entendez** *mais ne me verrez pas... Pas tout de suite.*

Apprenez que votre groupe, la **Communauté**, *va vivre l'aventure la plus étrange qui soit et ce à jamais. Chacun de vous choisira et endossera un rôle, Magicien, Rôdeur ou Hobbit aux pied velus. À une exception : l'un(e) de vous sera Meneuse ou Meneur de Jeu (MJ).* **C'est par votre MJ que ma voix vous parviendra et vous guidera.**

Les eaux du miroir sont troubles, même les plus sages ne peuvent dire ce qu'il montrera. Alors **si vous croyez déjà connaître cette histoire par cœur, détrompez-vous** *et attendez-vous à quelques surprises...*

I
FRANCHIR LE SEUIL DE L'AVENTURE

Vous voilà ! On dit qu'un magicien n'est jamais en retard. Ni en avance, d'ailleurs : il arrive précisément à l'heure prévue. Alors il est temps de commencer !

Vous vous posez sans une foule de questions sur votre future aventure. **Lisez ces quelques pages** ou, si vous avez déjà choisi un Meneur ou MJ, laissez-lui ce soin...

OÙ, QUI, QUAND, COMMENT ?

On peut jouer **au minimum** à 3 (MJ + 2 joueurs), mais le Jeu de Rôle (ou JdR) prend tout son sens quand le Meneur guide un petit groupe, dont les réactions différentes enrichiront les scènes vécues. Vous serez **au maximum** 7 (MJ + 6 joueurs).

Réunissez-vous chez l'un de vous, dans un terrier de Hobbit confortable, ni humide ni trop sablonneux, ou dans n'importe quel endroit calme où vous pourrez vous asseoir **autour d'une table** pendant quelques heures et discuter librement.

Chacun des 4 scénarios vous réunira pour **une après-midi** ou **une grande soirée.**

C'EST QUOI UN « JEU DE RÔLE » ?

Le JdR, le Jeu de Rôle si on préfère, est une aventure à partager entre amis. Pour éviter tout malentendu, mieux vaut dire de suite ce que ce jeu n'est pas.

- **Un JdR, ce n'est pas un bal costumé.** C'est le cas dans le jeu grandeur nature. Ce n'est pas ce qu'on propose ici. Bien sûr, libre à vous de vous habiller comme vous le souhaitez !
- **Un JdR, ce n'est pas non plus un jeu vidéo** de votre époque. Vous ne jouerez pas à distance avec des personnes plus ou moins de votre connaissance, mais coude à coude avec vos amis.
- **Un JdR, ce n'est pas un jeu de société.** Ça ne consiste pas à déplacer sur un plateau de petits figurines peintes avec amour...

Un JdR, c'est avant tout un dialogue. Une des personnes présentes anime la partie : c'est la **Meneuse** ou le **Meneur de Jeu**. Chacun des autres joueurs va prendre le rôle d'un personnage de l'histoire. Ensemble, grâce à vos échanges, votre imagination, et aussi grâce aux règles et aux dés, vous allez vivre une aventure épique ! Il s'agit d'un **jeu collaboratif.**

CONCRÈTEMENT, ON JOUE COMMENT ?

En parlant ! Tout le monde est assis. Le Meneur sait ce qui va arriver, car il a lu le scénario dans ce livret. Devant lui, il a son écran de jeu pour cacher ses notes.

Voici un **exemple** du dialogue entre MJ et deux joueurs lors d'une partie :

MJ : Sur le conseil de Gandalf, vous quittez discrètement la Comté pour amener l'Anneau vers Fondcombe, le territoire des Elfes. Merry et Pippin sont avec vous. Mais alors que vous traversez la champignonnière du Père Magotte, un cavalier noir approche...

FRODON : On se cache vite dans le fossé !

MJ : Même s'il ne vous aperçoit pas, d'autres le rejoindront bientôt. Merry a une idée : le meilleur moyen pour leur échapper, c'est de traverser la Vieille Forêt !

SAM : Hein ? Ça n'a pas deux sous d'bon sens. Pour sûr, ils vont nous suivre...

MJ : Merry vous explique que la forêt se trouve de l'autre côté d'une haie de fer qui sert de frontière à la Comté. Les cavaliers ne pourront pas passer.

SAM : Mais nous non plus...

MJ : Bref ! Que faites-vous ?

FRODON : Bon, suivons le conseil de Merry. On cherchera un passage.

MJ : Vous courez à en perdre haleine jusqu'à trouver la haie hérissée de pointes. De l'autre côté, des arbres bruissent... Les barreaux sont épais et trop serrés pour passer. Que faire ?

FRODON : Il faut suivre la haie.

MJ : Vers la gauche ou vers la droite ?

FRODON : Vers la droi...

SAM : Houlà ! Sauf votre respect, M'sieur Frodon, avant de choisir je regarde bien des deux côtés, si j'remarque quelque chose.

MJ : Vers la gauche, vous avez l'impression d'apercevoir un creux au pied de la haie.

FRODON : Bravo, Sam. On y va !

NB : les joueurs auraient pu refuser la suggestion de Merry et fuir les cavaliers noirs par les chemins. Si Sam n'avait pas réagi, les joueurs auraient dû inventer un autre moyen de franchir l'obstacle (courte échelle, chercher des barreaux rouillés...).

SI ON DÉBUTE ?

Ce livret est prévu pour se lancer sans peine : des explications et l'essentiel du matériel. Les rôlistes accomplis, eux, ne seront pas dépaysés. Nous conseillons à un MJ novice de mener environ 4 joueurs maximum. Un MJ expérimenté peut, quant à lui, guider jusqu'à 6 joueurs.

ON A DÉJÀ VU LE FILM...

Tant mieux ! La plupart d'entre vous a sans doute bien en tête les personnages et les péripéties du *Seigneur des Anneaux*. D'ailleurs sans cela, vous ne tiendriez pas ce livret entre les mains, non ?

Le jeu suivra l'ordre de l'histoire connue, mais sans se limiter à rejouer des scènes déjà vues. Le voyage de la Communauté a été long, même une version longue ne saurait montrer toutes les péripéties sur le chemin de la Moria ou dans l'antre de Saroumane...

QUEL MATÉRIEL PRÉVOIR ?

Venez comment vous êtes ! Pas besoin d'acheter de matériel spécialisé. Le MJ prévoira sans doute des provisions de *lembas* et quelques flacons de cordial des Elfes, ou leur équivalent...

Il faut que chacun ait de quoi écrire : feuilles et stylos remplaceront avantageusement parchemins et plume d'oie. On utilisera une paire de dés ordinaires à 6 faces (des D6, comme disent les rôlistes). Vous en avez sans doute déjà chez vous. Sinon, il est facile de trouver des générateurs de dés sur ces Palantirs de poche qui vous servent à communiquer à distance, à votre époque... Les Palantirs, vous savez, les pierres de vision ! Saroumane en utilisait une pour contacter Sauron...

Le reste du matériel (cartes, écran, fiches de personnage) est fourni.

LE MATÉRIEL DE CETTE BOÎTE :

- Ce livret qui contient les règles et 4 scénarios à jouer.
- L'écran du MJ, pour cacher ses notes et jeter les dés discrètement.
- 12 fiches de personnages (6 personnages joueurs et 6 personnages non-joueurs).
- Un paquet de cartes, que le MJ distribuera en temps utile, selon les indications.

Reprécisons qu'il faut prévoir plusieurs dés à six faces, et de quoi écrire.

QUI MÈNERA ?

Pour les joueurs, le MJ est la personne qui plante le décor et qui raconte. C'est une voix narrative, celle de la reine elfique Galadriel ; elle suit la quête des héros dans son miroir enchanté. Il est donc tout à fait bienvenu que le MJ soit une femme, mais cela n'a rien d'obligatoire. Par habitude et commodité on dira « le » Meneur, mais « la » Meneuse serait tout aussi juste.

Le MJ est **le seul qui lira ce livret** en entier. Il sera **l'arbitre**, le garant des règles. Il devra **préparer la partie**. Avant la venue des autres, il aura lu le scénario. L'écran de jeu lui servira de paravent pour cacher ce livret et ses notes, afin d'éviter qu'on louche dessus...

UN BON MJ SERA CELUI QUI :

- **Est à l'aise avec les règles.** Elles sont volontairement plus simples que celles de beaucoup de JdR.
- Sait improviser. Les joueurs sortent parfois du scénario. Faut-il, dans ce cas, les ramener en douceur au cadre prévu ? Ou inventer pour s'adapter ? Au MJ de décider !
- En a envie, tout simplement !

QUELS PERSONNAGES ON VA JOUER ?

Les joueurs incarnent les PJ ou **Personnages Joueurs** (6 fiches fournies). Ce sont certains des membres de la Communauté de l'Anneau :

FRODON et **SAM** les Hobbits,

GANDALF le Magicien

ARAGORN le Rôdeur

GIMLI le Nain

LEGOLAS l'Elfe

Chacun choisit son rôle et lit la fiche de son PJ. Il incarnera ce héros dans tous les scénarios (avec une exception pour les Hobbits).

Le MJ animera les PNJ ou **Personnages Non-Joueurs** (6 fiches fournies). Le Meneur les fera apparaître dans l'histoire au moment opportun, en interprétant leurs paroles et leurs réactions. Il s'agit des derniers membres de la Communauté :

BOROMIR du Gondor

MERRY et **PIPPIN** les Hobbits

Et d'autres personnages de l'histoire :

EOWYN la fougueuse

SYLVEBARBE l'Ent

GOLLUM le fourbe, bien sûr !

ET LES RÔLES NON CHOISIS ?

Si le MJ a réuni moins de 6 joueurs, que faire ? Soit le MJ s'occupe des rôles non choisis, soit certains joueurs décident d'incarner deux rôles. S'il n'y a que 2 joueurs, cette solution est préférable.

II
LES RÈGLES DU JEU

GLOSSAIRE

- **Meneur de Jeu (MJ)** : arbitre et organisateur de la partie, il raconte, écoute les réactions des joueurs, puis leur indique le résultat de leurs actions, ou quel jet de dés effectuer pour le savoir.
- **Personnages Joueurs (PJ)** : héros incarnés par les joueurs. Il y a une fiche de PJ pour chacun.
- **Personnages Non-Joueurs (PNJ)** : personnage ou créature interprétée par le Meneur de Jeu. Ce sont des opposants, des personnages secondaires ou des figurants. Il y a une fiche pour les principaux PNJ.
- **Fiche de personnage** : elle indique le nom du personnage, ses points de vie (PV) et ses compétences.
- **Actions** : les PJ indiquent à l'oral ce qu'ils font dans une situation. Les actions banales (ouvrir son sac, passer une porte) ne demandent pas de jeter les dés. Une action ardue ou impliquant le hasard (allumer un feu sous une pluie battante) sera testée avec deux dés.
- **Assaut** : c'est un court laps de temps lors d'un combat, le temps de porter un coup, ou d'effectuer une action simple (ramasser un objet, courir quelques mètres).
- **Compétence** : domaine dans lequel un personnage est spécialisé (le **tir à l'arc** pour Legolas, le **pistage** pour Aragorn, etc.). Avoir une compétence augmente les chances de réussir une action en rapport avec celle-ci.
- **Défense** : capacité à éviter ou encaisser les coups.
- **Points de Vie (PV)** : c'est la résistance physique d'un personnage. Les PV sont matérialisés par des cartes, que les personnages écartent s'ils sont blessés. Si un héros n'a plus aucun PV, il tombe inconscient. Voir : **Ranimer un personnage inconscient**.
- **Points d'Expérience (XP)** : les personnages joueurs vont s'aguerrir. En fin de scénario, le Meneur peut leur accorder des XP. Les cumuler permet de renforcer une compétence, d'en acquérir une nouvelle, ou d'obtenir un Point de Vie supplémentaire.

TESTER LA RÉUSSITE D'UNE ACTION

Le MJ détermine si l'action qu'un joueur veut tenter est **plus ou moins difficile**. Plus l'action est difficile, plus le joueur doit tirer un chiffre élevé **avec deux dés** :

Difficulté FAIBLE (au moins 5 avec deux dés)

Difficulté NORMALE (au moins 8 avec deux dés)

Difficulté HÉROÏQUE (au moins 10 avec deux dés)

Deux choses peuvent modifier le résultat des dés :

UNE COMPÉTENCE

La fiche du rôle indique les compétences du personnage, et un bonus. Par exemple pour Legolas : **tir à l'arc +1**. Le bonus s'ajoute au jet de deux dés.

UN HANDICAP

Si le personnage est très fatigué, blessé, ou gêné dans son action, il aura parfois un handicap de –1 ou plus. Les scénarios l'indiqueront.

Attention, un bonus ne peut jamais dépasser +3, ou un handicap dépasser -3.

DEGRÉ DE RÉUSSITE : Pour certaines actions, plutôt que de **distinguer entre réussite et échec**, on teste plutôt si l'action est plus ou moins réussie, selon que le niveau atteint est *faible*, *normal* ou *héroïque*. Le scénario le précisera.

EXEMPLE

MJ : Vous avez trouvé l'entrée d'un tunnel passant sous la haie de fer. Il y fait plus noir que dans l'antre d'un Troll... Que faites-vous ?

FRODON : Je m'y engage résolument !

MJ : Du bout de vos mains tendues, vous écartez les toiles d'araignée. Sous vos pieds velus, vous sentez un sol en pente... Gare aux chutes ! Lancez les dés, difficulté faible (au moins 5). L'obscurité vous handicape de -2.

Frodon obtient 9 et réussit sans peine. Sam tire 5, ce qui en temps normal suffirait. Mais avec le handicap, le 5 devient 3... Il tombe, se blesse et perd 1 PV.

MJ : Remis de vos émotions, vous atteignez tous le bout du tunnel. De l'autre côté, la Vieille Forêt bruisse sous la lune... Mais vous vous heurtez à une grille fermée au cadenas. Merry et Pippin paniquent déjà...

FRODON : J'examine ce cadenas.

MJ : Il est en fer, presque soudé par la rouille, avec une serrure compliquée.

SAM : Pas d'temps à perdre. J'le force ! J'ai sans doute une épingle ou autre chose dans mon sac, vu que j'ai du sens pratique +1.

MJ : D'accord, tu peux essayer. Difficulté normale : au moins 8.

Sam lance les dés, obtient 7 et ajoute +1 pour sa compétence. Il obtient 8 : le cadenas cède de justesse.

***NB** : si les joueurs avaient pensé à s'éclairer, ils n'auraient pas eu à jeter les dés pour savoir s'ils trébuchaient. Le MJ juge lui-même des conséquences d'un échec : perte de PV, perte d'un objet, impossibilité temporaire de se servir d'une compétence, malus temporaire...*

COMBATTRE

La Terre du Milieu n'est pas un lieu paisible. Un voyageur qui traverse les étendues d'Eregion ou du Pays de Dun a intérêt à savoir se défendre contre les brigands – ou pire, les Orques !

SCORES IMPORTANTS POUR COMBATTRE

La fiche de chaque PJ ou PNJ indique :

- sa **Défense**, sa facilité à contrer ou éviter un coup par son agilité ou son entraînement. Elle est *faible*, *normale* ou *héroïque*. Ce sera la difficulté éprouvée par l'adversaire pour le toucher.
- ses **Points de Vie**. À chaque blessure encaissée, le personnage perd 1 PV. Le Meneur tient lui-même le compte des PV des adversaires.

QUI ATTAQUE LE PREMIER ? L'ORDRE DU COMBAT

Tous les PJ qui combattront lancent deux dés (le Meneur lance les dés pour les PNJ adverses). **Le score le plus élevé agit le premier, suivi des autres par ordre décroissant.**

En cas d'égalité entre deux PJ, les joueurs relancent l'un contre l'autre, ou s'accordent entre eux.

EXEMPLE

MJ : En passant la grille, vous quittez la Comté. Devant vous s'étend la Vieille Forêt, où les Hobbits s'aventurent rarement... Sur votre passage, les arbres semblent se pencher les uns vers les autres pour se chuchoter des mystères... Merry vous fait signe de le suivre sur un sentier tracé entre leurs troncs.

SAM : Tracé par qui ou quoi, j'me le demande...

MJ : La marche est pénible. Aucun animal, pas le moindre chant d'oiseau... On dirait que les racines se déplacent imperceptiblement comme pour vous faire trébucher. Après des heures de marche épuisantes, vous parvenez dans un vallon arrosé d'un ruisseau boueux. Un saule majestueux trône là. Epuisé, Pippin s'y appuie alors que Merry s'assoit entre deux racines. Et c'est le drame ! Le tronc gris s'ouvre pour les engloutir dans un craquement ! Impossible de les aider, le saule balance ses branches basses comme de vraies massues ! Lancez les dés pour savoir dans quel ordre vous allez combattre.

FRODON : J'ai fait 4 !

SAM : Et moi 11 !

Le MJ a tiré 6 pour le Saule. Sam (11) attaquera en premier, puis le Saule (6) ripostera contre la cible de son choix, et Frodon (4) frappera enfin.

NB : Si les joueurs avaient été plus nombreux, le MJ aurait pu considérer chaque branche comme un adversaire, avec ses propres Points de Vie.

ASSAUTS

On peut se représenter un combat comme une succession d'assauts, chacun frappant à son tour. Un assaut est le temps nécessaire pour tenter une action, comme frapper ou :

- courir sur quelques mètres.
- changer d'arme.
- attraper un objet ou une arme improvisée aux alentours.

COMBAT AU CORPS À CORPS

C'est le cas le plus courant. L'assaillant attaque :

- à **mains nues** (malus –1).
- ou avec l'**arme de son choix** (ni malus ni bonus, sauf bonus de compétence, par ex : **combat à l'épée +1**).

Pour savoir s'il touche, l'**attaquant doit réussir un jet d'une difficulté égale à la Défense de son ennemi** (le MJ l'indique aux joueurs) :

- si l'attaque réussit, l'adversaire est blessé et **perd 1 PV**.
- sinon, le coup a porté à côté ou a été encaissé sans broncher ! **À 0 Point de Vie, un PNJ meurt,** un PJ sombre dans l'inconscience (voir plus loin pour plus d'informations).

Bien sûr, le Meneur lance les dés pour les PNJ adverses et comptabilise leurs PV.
Puis un nouvel assaut commence. Le PJ ou PNJ qui suit dans l'ordre du combat (ci-dessus) va frapper !

CAS DES ARMES DE JET

Legolas s'est fait une spécialité de ces tirs à bout portant, et les Hobbits se défendent presque aussi bien, une pierre à la main !

Cas général : on considère que l'arme de jet peut servir au corps à corps (voir ci-dessus). Les compétences **tir à l'arc** ou **jet de pierre** donnent un bonus.

Viser une cible à distance, avant ou en dehors d'un combat, est une action. Le scénario indique la difficulté. Un tir ordinaire est *normal*, un tir sur une cible petite, peu visible ou qui bouge est *héroïque*, de même qu'un tir en aveugle, yeux bandés ou dans le noir complet. Les compétences **tir à l'arc** ou **jet de pierre** donnent un bonus.

EXEMPLE

MJ : Tu es le premier à attaquer le Saule. Sa Défense est *normale* (au moins 8 pour le toucher). Que fais-tu ?

SAM : Je frappe ! Je lance les dés... 7 !

MJ : Moins 1 puisque tu combats à mains nues, donc 6. Ton coup n'a pas porté. Le Saule réagit en te cinglant de ses branches... ! Ta Défense est ?

SAM : *Faible*.

MJ : Il te touche, tu perds 1 PV. À toi Frodon.

FRODON : Je lance une bonne pierre vers le tronc ! 9 aux dés, avec ma compétence **jet de pierre +1**, ça fait 10, c'est plus que sa Défense. Dans le mille !

MJ : Le caillou casse net une des branches qui sifflait en l'air ! Des cris montent aussitôt du tronc gris : l'écorce s'est contractée sur les malheureux Merry et Pippin. L'arbre perd 1 PV. On reprend, c'est à nouveau à toi, Sam !

SAM : J'utilise mon assaut pour ramasser la branche morte.

MJ : C'est une arme improvisée, tu n'as donc plus de malus. Le Saule t'attaque à nouveau...

CAS SPÉCIFIQUES

LES COMBATS EN ARRIÈRE-PLAN

Le Meneur a beaucoup à faire : lancer les dés pour les ennemis, tenir compte de leurs Points de Vie... Comment se simplifier la tâche ?

Ne pas jeter les dés pour les rôles non joués, que le MJ gère (les rôles non choisis, et Boromir, Merry et Pippin). Le MJ annonce aux joueurs que ces personnages combattent de leur côté (**ils vaincront automatiquement**). Le MJ se concentre sur le combat contre les joueurs.

Si les PJ sont vraiment en difficulté, le Meneur peut utiliser ces mêmes personnages comme des jokers : ils sont venus à bout de leurs propres adversaires et viennent prêter main forte !

LES COMBATS DE MASSE

Le film *Le Seigneur des Anneaux* multiplie les scènes de combats virtuoses contre des foules de monstres. Ce sont des scènes d'action superbes. Mais ça ferait beaucoup de dés à jeter !

Deux techniques faciliteront la vie du MJ :

- **le « combat des chefs »**. Les PJ affrontent un à trois PNJ coriaces (par exemple des lieutenants Uruk-hai). Quand ces soldats d'élite seront vaincus, leurs troupes fuiront.
- **considérer une masse comme un seul adversaire** (par exemple une nuée de corbeaux, ou un groupe d'Orques). Amener les PV de la horde à 0 provoquera sa débandade.

EXEMPLE

FRODON : Ouf ! Sans l'intervention de ce drôle de bonhomme, jamais on ne serait venu à bout du Vieil Homme-Saule...

SAM : N'empêche, je l'trouve bizarre, avec ses rimes et ses chansons...

FRODON : Et ses bottes jaunes !

MJ : Hum, hum ! Par chance, Tom Bombadil ne se vexe pas de vos remarques. Merry et Pippin, eux, sont bien content qu'il les ait tirés du tronc gris. Tom vous a maintenant mis sur le bon chemin pour quitter la Vieille Forêt... « *Holà, gai dol,* jeunes Hobbits (il chante), *derry dol !* Si vous tenez à vos os, ne passez pas près des pierres levées ! Croyez-moi, gare aux Galgals ! Adieu ! »

Mais bien sûr, quelques péripéties plus tard...

MJ : Piégés à l'intérieur du tumulus coiffé du dolmen, vous entendez des gémissements sortir du sol et des parois elles-mêmes. Dans un jaillissement de poussière, des mains décharnées surgissent tout autour de vous !

SAM : Combien qu'y en a ?

MJ : Dix, vingt peut-être ! Vos deux compagnons tranchent des membres cadavéreux à gauche et à droite, mais l'étau se resserre... Soudain, une créature hâve au front ceint d'une couronne d'os se dresse devant vous deux, Frodon et Sam. C'est l'Être du Galgal ! Si vous en venez à bout, ses mignons disparaîtront...

ARMES ET ARMURES

Toute arme fait perdre 1 PV par blessure.

Une arme improvisée (casserole, tisonnier) sert juste à éviter le malus -1 du combat à mains nues. Une arme ordinaire (épée, dague) ne donne pas d'autre bonus que celle de la compétence associée, par exemple **combat à l'épée**.

Les PJ trouveront peut-être une arme de facture naine ou elfique, qui donnera un bonus supplémentaire, qu'on soit compétent à la manier ou non. Ce bonus s'ajoute au bonus de compétence : une épée +1 maniée par quelqu'un qui a **combat à l'épée** +1, donne donc +2 au combat. **Rappel** : un cumul ne peut dépasser +3.

Quant aux armures, elles augmentent d'un niveau la Défense de celui qui la porte.

EXEMPLE

MJ : Bilbon applaudit des deux mains votre récit : lui, il n'a jamais osé s'aventurer dans la Vieille Forêt ! Ça fera un bel épisode dans son grand livre relié de rouge... Car il profite du calme, ici, dans sa chambre à Fondcombe, pour écrire. Au moment où vous sortez pour rejoindre le seigneur Elrond, le vieux Hobbit retient Frodon. Il tire ceci d'un coffre pour le lui donner...

Le MJ tend à Frodon deux cartes : **cotte de mithril** *et* **Dard**.

FRODON, **lisant les cartes** : Ta dague épée elfique +1, Bilbon ! Merci ! Et avec cette chemise de mailles, ma Défense passe de *faible* à *normale* !

PERDRE ET RÉCUPÉRER DES POINTS DE VIE (PV)

COMPTER LES PV

Les Points de Vie sont matérialisés par des cartes, avec une face indiquant 2 PV et une face indiquant 1 PV (la fiche de chaque personnage indique son total de départ de PV). À chaque blessure, le joueur **retourne une carte ou la met de côté, pour retirer 1 PV de son total**. Toute l'équipe et le MJ savent donc d'un seul coup d'œil qui est indemne, blessé ou à l'agonie.

Outre les combats, les PV peuvent être perdus du fait d'une **chute** ou d'une grande **fatigue**. Le scénario le précisera alors.

RÉCUPÉRER DES PV

- **une nuit de sommeil** permet à tous de récupérer 2 PV. Organiser des quarts de veille n'empêche pas la récupération. Mais ne dormir que très peu, ou dans des conditions pénibles (par exemple dans la neige), ou avoir dû combattre durant la nuit, ne permet de reprendre qu'1 PV.
- **la compétence soins** permet de soigner **un seul** personnage (y compris soi-même) après un combat ou une dure épreuve. Réussir un jet équivalent au niveau *normal* fait récupérer 1 PV. Atteindre le niveau *héroïque* rend même 2 PV. Il faut attendre le lendemain, ou le prochain combat, ou d'être passé à un autre lieu de l'aventure, pour se resservir de la compétence **soins**.
- **certaines potions ou objets** trouvés durant l'aventure restaurent les PV.

Au début de chaque nouveau scénario, les PJ ont soigné toutes leurs blessures antérieures et donc récupéré tous leurs PV.

3 JOUEURS ET 1 PV
Si le MJ n'a que 2-3 joueurs qui ne jouent que 2-3 personnages, il est plus prudent de leur attribuer 1 PV supplémentaire au départ.

RANIMER UN PERSONNAGE INCONSCIENT

Quand un joueur a perdu tous ses PV, son personnage tombe inconscient. Si c'est en plein combat, le reste des joueurs devra se débrouiller sans lui !

Un groupe ne peut pas avancer si un PJ est inconscient, sauf à se séparer, ou improviser un brancard. Cela créera bien des péripéties !

Pour ranimer un PJ inconscient, il faut :

- soit employer la compétence **soins** pour lui rendre au moins 1 PV. Un personnage inconscient ne peut se soigner.
- soit lui permettre de se reposer dans de bonnes conditions, sans le déplacer ni subir d'agression, pendant au moins une nuit. Il se réveille, faible mais avec 1 PV.

LE MJ DOIT-IL ÊTRE BLESSANT ?

Le but d'un bon Meneur est de maintenir ses joueurs sous pression, mais pas de les éliminer ! Alors, comment faire si un PJ est dans une mauvaise posture au combat ?

- à l'assaut suivant, l'adversaire attaque plutôt un autre PJ.
- le prochain coup encaissé par ce PJ le désarme sans le blesser, il combat ensuite à mains nues (malus -1, il faut un assaut pour ramasser l'arme).
- au pire, faire intervenir opportunément un PNJ allié (Boromir, Merry, Pippin ou un rôle non joué).

Le MJ agira de manière mesurée, afin de maintenir chez ses joueurs l'impression de combats remportés de justesse !

L'ÉQUIPEMENT

Tous les PJ commencent cette aventure avec **le matériel nécessaire pour un voyage** : des habits chauds, des bottes (sauf bien sûr pour les Hobbits aux pieds velus !), un sac et une couverture, de quoi allumer un feu, etc.

La fiche indique si le PJ possède des **objets plus spécifiques** ou bien **une arme**. Le joueur reçoit la carte correspondante avec sa fiche.

La nourriture n'est pas un problème en temps normal : les PJ savent préparer le petit gibier et reconnaître les plantes comestibles. Le MJ ne demande à ses PJ comment ils se nourrissent que si cela a du sens et de l'importance dans le scénario.

Les objets trouvés durant l'aventure seront parfois matérialisés par une carte, que le MJ remettra au joueur. Sinon il faudra en prendre note par écrit.

LA MAGIE DE GANDALF

Gandalf est le seul personnage qui sache lancer des sorts. Il en possède quatre, matérialisés par quatre cartes. Chaque sort ne peut être utilisé qu'une fois par scénario, après quoi la carte est mise de côté. Voici ces sorts :

- **feu et fumée** : mettre le feu à tout combustible même sous la pluie, modeler la fumée. Attention, il ne s'agit que de brûler ce qui peut l'être, impossible de projeter des boules de feu !
- **manipulation** : pour briser, bouger ou soulever quelque chose sur une courte durée. Très pratique pour forcer une serrure non magique, ou tenir une porte fermée.

- **intimidation** : Gandalf semble grandir et sa voix devient forte. Au combat, malus –2 pour tous les adversaires.
- **appel de la nature** : le Magicien peut parler à un animal (pour donner une instruction simple) et aux éléments (nature, pluie, vent).

À partir du scénario 2, le sort **feu et fumée** sera remplacé par le sort **illumination**, qui permet d'éblouir mais aussi de chasser tout mal. Au combat, tous les adversaires maléfiques perdent un niveau de Défense.

Une carte **sort supplémentaire** (qui permet de relancer, une fois par scénario, un sort déjà utilisé) peut être gagnée en accumulant assez de Points d'Expérience (voir ci-après). Ce n'est pas un joker unique mais un nouveau sort, que Gandalf conserve dans les prochains scénarios.

Le bâton (ou baguette) peut être **illuminé**, cela ne demande ni effort ni sort à Gandalf. Mais s'il lâche le bâton, il s'éteint !

Attention, si le Magicien est privé de son bâton, lancer un sort n'est plus automatique, cela devient une action de difficulté *faible*. Si un sort rate, la carte est mise de côté quand même.

Le bâton indique que Gandalf le Gris appartient au Conseil Blanc, comme Radagast le Brun, Elrond, Galadriel, les deux Mages Bleus (partis depuis vers l'est) et bien sûr Saroumane le Blanc. À chacun sa spécialité : Gandalf le Gris est maître du feu mais n'a pas de don de guérison, un pouvoir réservé à Elrond. Radagast est le plus doué pour parler aux animaux, et Saroumane pour commander aux éléments et manipuler à distance.

POINTS D'EXPÉRIENCE (XP)

À la fin du scénario, les PJ ont certainement progressé grâce aux épreuves surmontées. Le MJ peut donc leur accorder des Points d'Expérience ou XP ! Les joueurs les comptabiliseront sur une feuille à conserver, ou grâce à des marqueurs (billes ou jetons).

LES XP, MODE D'EMPLOI

Quelles actions sont à récompenser à l'issue du scénario ?

- avoir surpris le MJ par **une action inattendue et astucieuse.**
- avoir **résolu** une carte ÉNIGME.
- avoir **particulièrement bien interprété son personnage** (phrasé, réactions bien intégrées au jeu...).

Un MJ sévère donnera 1 ou 2 XP aux joueurs méritants, et rien aux autres.

Un MJ moins strict accordera 1 XP à tout le monde, sauf aux joueurs les plus méritants à qui il en accordera 2 ou 3.

À QUOI SERVENT LES XP ?

Les joueurs peuvent troquer au MJ :

- 1 XP = **relancer / annuler un jet catastrophique.** Au MJ de décider s'il fait lancer à nouveau les dés, ou bien s'il demande au joueur d'inventer un bon *deus ex machina* justifiant que son PJ se sorte de ce mauvais pas.

EXEMPLE

Dans *La Communauté de l'Anneau*, un Troll de la Moria embroche Frodon d'un seul coup de lance, ce qui devrait tuer le Hobbit à coup sûr ! Mais Frodon utilise 1 XP avec l'accord du MJ, et explique à ses compagnons que, grâce à la cotte de mithril qu'il cachait sous sa chemise, il a survécu par miracle. Le MJ impose tout de même une blessure en raison du choc.

- 2 XP = **gagner 1 PV supplémentaire**, car leur personnage a gagné en endurance.
- 3 XP = **augmenter de +1 une compétence** (passant par exemple de +1 à +2), ou **acquérir une nouvelle compétence** au niveau +1. Le joueur doit convaincre le MJ qu'il a pu développer ce talent. Survivre plusieurs jours dans Fangorn peut permettre de revendiquer la compétence **ami de la forêt**, mais s'il s'agit de Gimli, un tel talent est-il vraiment dans sa nature ? Au MJ de juger.
- 5 XP = **augmenter la Défense d'un niveau.**

Cas particulier de Gandalf : contre 3 XP, il peut recevoir une carte **sort supplémentaire.**

La relance est un joker utilisable en cours de scénario. **L'amélioration des compétences** se fait plutôt en fin de scénario, ou au début du suivant.

III
QUELQUES CONSEILS POUR BIEN MENER LE JEU

PRÉPARER LE JEU

Au calme, bien avant que les joueurs n'arrivent, le MJ aura lu attentivement le scénario en prenant des notes. Il peut :

- dessiner un **plan** indiquant les créatures, les objets à trouver, les pièges...
- faire une **liste chronologique** des épisodes.

Durant la partie, certains MJ apprécient d'utiliser **une musique d'ambiance** préparée à l'avance. La bande originale de la trilogie filmique est une vraie mine d'or... ou plutôt de mithril !

Pour s'assurer que rien ne sera oublié ou perdu au moment de commencer le scénario suivant, le MJ donne à chaque joueur **une enveloppe à son nom** où placer fiche de PJ, cartes (objets, PV...) et feuilles volantes. Les enveloppes peuvent être rangées dans la boite de ce jeu.

FAIRE VIVRE LE RÉCIT

Les scénarios comprennent des passages à lire aux joueurs. Mais le jeu ne se limitera pas à cela : être MJ, c'est être un metteur en scène.

Il faut créer une **atmosphère** par les mots et le ton employé. Le MJ murmure pour décrire l'obscurité oppressante de la Moria... Rêveur, il évoque les paysages crépusculaires de la Lorien... Lors d'une attaque, son ton se fait épique, ou au contraire bref, impératif !

Bien raconter, c'est aussi **rythmer**. Les scénarios sont découpés en épisodes. Le MJ veillera à ne pas laisser les joueurs s'attarder dans une partie annexe du jeu, au détriment des morceaux de bravoure.

ÊTRE OU NE PAS ÊTRE GALADRIEL

Le MJ incarne Galadriel, reine de la Lorien. Inquiète des événements du monde, elle suit les faits et gestes des membres de la Communauté. D'ailleurs chaque scénario commence par une interpellation directe de Galadriel aux joueurs.

Le MJ doit-il réellement être la reine des Elfes pour toute la soirée ? À lui d'en décider après avoir revu ses apparitions dans *La Communauté de l'Anneau*. S'il est pleinement à l'aise avec ce rôle, le jeu n'en sera que plus riche. Sinon, le MJ adopte une voix narrative plus ordinaire.

UN PEU D'IMPROVISATION

Tôt ou tard, les joueurs voudront partir dans une direction que le MJ n'a pas prévue. Leurs actions risquent de les faire sortir du scénario.

Si nécessaire, le MJ laisse entendre aux joueurs qu'ils font fausse route. Il leur demande s'ils sont vraiment sûrs, s'ils trouvent bien sage de sauter par-dessus ce gouffre ? Que feront-ils si un seul d'entre eux échoue ? Est-ce qu'ils ne risquent pas d'y perdre des PV et aussi des Points d'Expérience ?...

LES RÈGLES, C'EST IMPORTANT

Le MJ est le garant des règles, ce qui implique une grande responsabilité.

D'abord, si **beaucoup de temps sépare deux parties de jeu,** mieux vaut que le MJ prenne le temps de se replonger dans les règles et d'en rappeler les grandes lignes à tous.

Ensuite, une fois habitués aux règles, **les joueurs tenteront peut-être de forcer le jeu** en interprétant à outrance ce que permet une compétence, ou en revendiquant des bonus inattendus. Au MJ d'être à l'écoute, mais également d'être ferme.

FAIRE INTERVENIR CHACUN

Autour d'une table de jeu de rôle, il y a toujours un ou deux joueurs plus enthousiastes, plus portés à intervenir. Ils font vivre la partie, mais attention à ce que chacun puisse s'exprimer... Au MJ de solliciter les joueurs les plus timides, de préférence lors d'un moment-clé, pour les valoriser. Que fait, que pense leur PJ à ce moment-là ?

Bien sûr il ne s'agit pas de les forcer à agir, ni de priver les autres joueurs de la parole, mais bien de donner à chacun une chance de peser et de garder un agréable souvenir du jeu !

Scénario 1

La Communauté tentée par l'Anneau

ATTENTION, seul le MJ doit consulter ce scénario et les suivants ! Le texte non encadré (à partir du prologue) est à lire à voix haute aux joueurs en cours de partie.

Ce scénario mènera les joueurs de Fondcombe, la demeure d'Elrond, jusqu'à la Moria et au pont de Khazad-dûm gardé par l'horrible Balrog. On sait que Boromir est travaillé par l'envie de s'emparer de l'Anneau, mais il n'est pas le seul... **En tant que MJ, choisissez quel personnage joueur sera tenté de s'emparer de l'Unique durant le scénario 1.**

RÉPARTIR LES MISSIONS

Avant de lire le Prologue, posez devant chaque joueur une carte MISSION, face cachée. Dites : « Ce sont des quêtes personnelles pour enrichir le jeu et gagner des XP. Attention, chacun lit sa carte sans la partager, sinon vous ne gagnerez aucune expérience ! »

- **Avec 2 joueurs** : donnez à Frodon et Sam les cartes à leur nom.
- **Avec 3 joueurs** : donnez sa carte à Frodon, et les cartes TENTATION et MÉFIANCE aux autres (variante : donnez la carte TENTATION à Frodon et la carte MÉFIANCE à un des deux autres ; le dernier reçoit la carte de son rôle).
- **Avec 4 à 6 joueurs** : donnez sa carte à Frodon, la carte TENTATION à la personne de votre choix, et les autres cartes selon les rôles.

Si chacun effectue bien sa mission, une atmosphère de paranoïa va vite se mettre en place ! Les joueurs vont comprendre tôt ou tard que l'un d'entre eux est un traître, mais ils ne disposent d'aucun indice. Ils penseront à Boromir, mais celui-ci est joué par le MJ et ne tentera rien. La situation se dénouera quand celui qui a reçu la carte TENTATION passera à l'action...

Comment le joueur tenté doit-il agir ?

Dans l'idéal, le MJ briefe par avance le joueur choisi. Cela demande un petit don de comédie. Mais jouer la duplicité peut être très amusant !

- Ce joueur attise la méfiance de Frodon envers les autres joueurs. Il fait semblant de le protéger d'eux.
- Il cherche toutes les occasions d'accompagner Frodon et de s'isoler avec lui.
- Au moment propice, il attaquera pour voler l'Anneau ! Il se battra jusqu'au bout, tout comme Frodon préférera se battre que de donner l'Anneau.

Si le joueur tenté est **Frodon lui-même**, il saisira tous les prétextes pour s'éloigner des autres... En particulier de celui qui a reçu la carte MÉFIANCE, qui ne le lâche pas d'une semelle. Le reste du groupe risque d'ailleurs de croire que c'est ce dernier qui en veut à l'Anneau !

QUE FAIRE QUAND LE JOUEUR TENTÉ SE RÉVÉLERA ?

- Ramener les PV du voleur à 1.
- Ou bien Gandalf utilise sur lui le sort **intimidation**.

Dans les deux cas, le joueur laisse alors tomber son arme et semble reprendre ses esprits. Il balbutie, explique qu'il a agi dans un état second.

Le MJ récupère toutes les cartes MISSION. Ce joueur n'est désormais plus induit en TENTATION.

Prologue : Galadriel parle

Entendez ma voix, porteur de l'Anneau ! Et vous aussi, ses compagnons. Écoutez mon avertissement. De grands dangers guettent la Communauté : vous devez prendre garde si vous voulez parvenir jusqu'à moi !

Mon nom est Galadriel, reine des Elfes de la Lorien. L'ombre de l'Ennemi plane sur vous. Les espions de Saroumane vont bientôt s'attacher à vos pas...

Écoutez-moi encore... Je vous suivrai grâce à mon Miroir et je vous guiderai jusqu'au bois sacré de la Lórien... Mais les eaux de divination sont troubles, et bientôt, vous devrez faire vos propres choix !

Votre aventure commence à Fondcombe, sur le seuil du palais d'Elrond, le demi-Elfe. Votre Communauté vient de se constituer pour accompagner Frodon, le porteur de l'Anneau. Votre destination est le Mordor, où se dresse la Montagne du Destin, seul lieu où l'Unique pourra être détruit. Et voici déjà l'heure de faire votre premier choix...

1. Départ de Fondcombe : « Le Mordor, c'est à gauche ou à droite ? »

De l'autre côté d'une arche, le sentier mène vos pas hors de la demeure d'Elrond, seigneur des Elfes de Fondcombe. Le porteur de l'Anneau ouvre la marche, suivi de Gandalf. Tous les hôtes du palais suivent votre départ en silence.

Devant vous s'ouvre la vallée. La lumière est douce dans ce lieu hors du temps... Les neuf Nazgûls n'ont pu y pénétrer : ils ont déclenché la colère d'Elrond, l'eau les a dispersés au Gué de Bruinen. Mais qui sait quels yeux vous guettent aux frontières de Fondcombe ?

Le sentier en croise bientôt un autre : ce carrefour est orienté dans les quatre directions, nord, sud, est et ouest. Il va falloir choisir.

Vous vous retournez une dernière fois, pour apercevoir une silhouette indistincte qui semble vous dire adieu de la main depuis une tour du palais.

Que faites-vous ?

Informations réservées au MJ

Pour distinguer de qui il s'agit, ou voir qu'on leur fait en réalité signe de s'approcher, il faut réussir un jet de difficulté *normale* (ou *faible* pour Legolas). Mais le plus simple est de s'approcher ! C'est Arwen ou, si le MJ préfère, le guerrier Glorfindel. Si le groupe fait demi-tour jusqu'au pied de la tour, l'Elfe parle ces termes :

« J'ai grand peur pour vous ! Dans cette vallée, vous étiez protégés par le pouvoir de l'Anneau d'Elrond, un des Trois Anneaux des Elfes. N'essayez pas de franchir à nouveau le Gué de Bruinen : une ombre couvre l'autre rive, car un des neuf Nazgûls n'a pas renoncé. Tenez ! »

L'Elfe tend une **dague** ordinaire à Sam.

Informations réservées au MJ

Les joueurs doivent choisir une direction en s'aidant du plan, visible sur le dos du paravent du MJ.

Au **nord** et à l'**ouest**, vers la rivière Bruinen qui prend sa source dans les Monts Brumeux. On ne peut d'habitude la franchir que par le gué à l'ouest, là où Arwen avait fait face aux Nazgûls.

À l'**est**, vers les Monts Brumeux. Elles sont hautes. **Si Gimli est joué**, le MJ informe le joueur qu'il reconnaît tous les sommets : la Corne d'Argent ou Zirakzigil, la Tête Couverte ou Bundu-shathûr... et surtout, que les seuls passages sont bien plus loin au sud : le col de Caradhras, sous lequel passent aussi les mines de la Moria. **Si Gimli n'est pas joué**, Aragorn ou Gandalf se rappelle des mêmes informations s'il réussit un jet normal (en ajoutant le bonus de la compétence **pistage** ou **maître du savoir**).

Les rives du Bruinen ont été ravagées par les eaux qu'Elrond a multipliées pour faire barrage aux cavaliers noirs. À ce souvenir, le porteur de l'Anneau sent encore sa blessure à l'épaule l'élancer là où la dague de cristal l'avait frappé... La traversée du gué est très difficile.

Vers les Monts Brumeux, le chemin devient un sentier qui sinue sur une pente raide. Il se perd bientôt dans un brouillard qui borde les falaises à pic et voile des gouffres insondables. Si près de Fondcombe, les montagnes forment une vraie muraille...

Informations réservées au MJ

Dans les deux cas, le MJ décourage les joueurs de continuer par la voix de Boromir, car il se rend compte de la difficulté du terrain. Il insiste pour prendre au sud par la Trouée du Rohan.

Si les joueurs persistent, le MJ crée des obstacles, imposant des actions de difficulté croissante (sauter d'une pierre glissante à une autre, franchir un gouffre, etc.), quitte à priver les joueurs d'1 PV. D'une manière ou d'une autre les PJ doivent renoncer et aller vers le sud.

Vers le sud, l'air et le soleil eux-mêmes perdent de leur douceur à mesure que vous vous éloignez de Fondcombe. Désormais le pouvoir d'Elrond ne vous protège plus.

Le chemin disparaît entre les herbes. Les vertes plaines du sud se déroulent devant vous, ponctuées de roches bossues. À perte de vue, la rivière Bruinen borde le paysage sur votre droite, et les Monts Brumeux sur votre gauche.

Le soir arrive et vous allez camper...

Informations réservées au MJ

Frodon, Legolas et Aragorn s'ils sont joués, tentent un jet *normal* (avec bonus **pistage**). Sur un succès, le joueur remarque qu'on les suit de loin, sans pouvoir dire qui ou quoi.

Les PJ prennent leurs dispositions pour la nuit. Puis l'un d'eux lance un dé (+1 si les joueurs cherchent le couvert des rochers et/ou évitent de faire du feu, +1 s'ils organisent des tours de garde) :

1-2 : vers minuit, des loups tournent autour du campement puis se jettent sur le groupe ! Un loup pour deux PJ, les autres occupent les personnages non joués.

Chaque LOUP : Défense *normale*, 3 PV.

3-4 : une tempête ! Les héros réveillés en pleine nuit courent pour trouver un abri.

5 : à son réveil, un personnage trouve ses affaires retournées : son arme a disparu ! (Il rend la carte au MJ s'il en a une.) Dans la journée, le groupe la retrouvera quelques kilomètres plus loin.

6 : rien ne se passe.

Le MJ peut **faire durer cet épisode un jour et une nuit de plus** en inventant une péripétie : passage près d'un cercle de pierres levées (l'arme perdue y est posée sur une pierre plate) ; rencontre d'un homme en guenilles qui semble avoir perdu l'esprit (il a sur lui l'arme volé, il fait des gestes incompréhensibles si on demande où il l'a trouvée), etc.

Finalement les PJ aperçoivent au loin un bosquet près duquel se dressent trois curieux monolithes de pierre : c'est l'épisode **2**.

2. Le Fourré des Trolls

Trolls de Trolls. Ou plutôt : drôles de Trolls. Il y en a trois, en plein jour. Pourtant tout le monde sait que leur espèce n'aime pas trop bronzer, car le soleil les change en pierre. Pippin bat des mains :

« Chic, les trois Trolls de l'aventure du vieux Bilbon ! Ça au moins, il ne l'a pas inventé ! Il nous l'a raconté quand nous étions de petits Hobbits... encore plus petits, je veux dire ! Vous y étiez, Gandalf, pas vrai ? Avec Bilbon, les douze Nains et leur chef Thorin ! »

Le trio monstrueux se dresse non loin d'une colline de pierre couverte de ronces. Au coin de la lippe de l'un d'eux pend encore une goutte de salive pétrifiée.

Que faites-vous ?

Informations réservées au MJ

Il n'y a rien à trouver sur les statues à part des nids de corneilles. Armes, contenu des poches, tout est fossilisé.

Les joueurs peuvent **déduire (ou se rappeler) que les Trolls avaient un repaire** où se cacher du soleil. Autrement le PNJ Merry demande innocemment à Gandalf si les Trolls n'ont pas une grotte au trésor...

Des décennies ont passé, des ronces ont recouvert la porte de pierre à flanc de colline, et la mémoire de Gandalf n'est plus ce qu'elle était.

Chacun décide quel côté du monticule il veut fouiller : est, ouest, nord ou sud. La porte est à l'ouest, à l'opposé du soleil levant (logique). La trouver est une action de difficulté *normale* (bonus **ami des jardins**). Si les joueurs tentent plusieurs jets, la fatigue et les ronces leur coûtent 1 PV.

Une masse de feuilles mortes et de ronces cache un rectangle de pierre taillé grossièrement, sans aucune marque, à part un minuscule trou de serrure. Merry remarque :

« Heureusement, la clé de pierre était tombée de la poche des Trolls ! Enfin, c'est ce que racontait Bilbon... »

Oui, mais où est-elle maintenant ? Ça, ni l'histoire du Hobbit ni les souvenirs du Magicien ne le disent !

Informations réservées au MJ

Tous les joueurs qui **fouillent les alentours pour trouver la clé** tentent une action de difficulté *héroïque* (avec bonus **pistage** ou **ami des jardins**). Un succès révèle un creux où la terre a été tassée. C'est là que Bilbon, Gandalf et les Nains avaient enterré tout ce qu'ils ne pouvaient pas emporter du trésor des Trolls... y compris la clé de pierre. Bilbon a déterré l'or sur le chemin du retour, mais les joueurs retrouvent le sésame en creusant.

Comment ouvrir sans la clé ? La serrure est trop biscornue pour être crochetée. Le sort **manipulation** brise le loquet (mais pas la porte). La défoncer par la force brute demande que deux joueurs associent leur force et réussissent en même temps une action *héroïque* (bonus **ami des roches**). L'effort est violent : chaque tentative, réussie ou non, coûte 1 PV ! Brisée ou forcée, la porte ne fermera plus, ce qui aura de l'importance plus tard...

Même après toutes ces années, le repaire des Trolls sent toujours aussi mauvais ! L'odeur de mauvaise bière et de dessous de bras vous piquent les narines. Dans cette chambre forte, tout est en pierre, mêmes les meubles. Celui qui s'y trouverait enfermé seul n'en sortirait pas de sitôt – même si c'était un Magicien ou un Nazgûl !

Dans un coin ont été empilés les crânes de malheureux voyageurs. Des racines ont poussé à travers les orbites... Soudain, vous entendez un craquement sec suivi d'un froissement !

Informations réservées au MJ

Les héros viennent de réveiller **une Enture, un rejeton d'Ent** que les Trolls gardaient comme animal domestique. Il apparaît aux héros comme un arbuste haut d'un mètre qui émerge de la pile de crânes en faisant craquer ses racines. Deux nœuds dans le bois lui servent d'yeux, sa bouche n'est qu'une fente dans l'écorce, mais elle ne parle pas et n'écoute rien. Enfermée durant des décennies, la créature a soif de grand air !

L'Enture semble se jeter sur les PJ, mais elle veut juste franchir la porte. **S'ils la laissent passer,** elle disparaît sans dommage pour eux. **Si un ou deux joueurs réagissent agressivement,** ils sont cinglés par une branche et perdent 1 PV, puis l'Enture claque la porte sur les héros en s'enfuyant ! La clé de pierre a disparu dans la bousculade, et voilà les héros piégés (voir ci-dessus comment rouvrir, sauf si la porte ou la serrure était brisée).

Si trois héros ou plus réagissent agressivement, l'Enture combat jusqu'à la mort. Le sort **feu et fumée** la tue dans d'horrible craquements.

ENTURE : Défense *normale*, 5 PV

La tanière de Troll ne contient rien de récupérable.

Les héros campent sur place pour la nuit (ils lancent un dé comme à la fin de l'épisode 1). Au matin, passer à l'épisode 3.

3. Le danger vient du ciel

Vous laissez la tanière derrière vous et atteignez bientôt un amas de roches érodées. Une pause est la bienvenue, ainsi qu'un bon feu et un repas ! (Regain d'1 PV.) Merry et Pippin en profitent pour s'entraîner au combat avec Boromir. L'homme du Gondor les désarme sans peine, mais surprise : les jeunes Hobbits crient « Pour la Comté ! » et se jettent sur le guerrier pour le mettre à terre !

Soudain, un nuage noir attire vos regards. Non, pas un nuage... Une nuée : des corneilles et crébains du Pays de Dun ! Ces oiseaux de malheur sont les espions de Saroumane !

Informations réservées au MJ

Aux joueurs de réagir, de dire **s'ils éteignent le feu, s'ils se dissimulent...** Le MJ leur demande à tous un jet *héroïque* (avec bonus **discrétion**) pour les tenir en haleine, mais de toute façon Saroumane sait qu'ils sont là. **Si le groupe ne se cache pas, ou tire sur les oiseaux,** la nuée s'abat sur eux ! Les vaincre veut juste dire que les oiseaux se dispersent.

AILES NOIRES : Défense *normale*, 3 PV

Vous êtes débarrassés des espions de Saroumane, mais pour sûr, le passage par le sud sera surveillé ! Vos yeux se tournent vers le nord-est. Pas si loin du Fourré des Trolls débute un ancien chemin vers le Mont Rubicorne, que les Elfes appellent Caradhras... Là, s'ouvre l'un des rares cols qui franchissent les Monts Brumeux.

Que faites-vous ?

Informations réservées au MJ

Si les joueurs sont blessés, le MJ les fait camper une nuit pour récupérer 2 PV (sans leur faire lancer le dé cette fois), sinon ils poursuivent.

Les joueurs se rappellent sans doute de ces événements du film et voudront peut-être **aller directement vers la Moria,** sous le Mont Caradhras. Le MJ peut le déconseiller par la voix de l'un ou l'autre PNJ, mais c'est au final au groupe de décider. Si c'est le cas, l'épisode 4 doit être resitué sur le chemin vers les portes de la Moria.

Les joueurs essaieront peut-être d'aller vers la Trouée du Rohan au sud des montagnes. Le MJ décourage alors les joueurs, et multiplie les obstacles, par exemple une bande d'Orques Uruk-hai (un pour deux PJ).

Chaque URUK-HAI : Défense *normale*, 3 PV

Et plus loin la voix de Saroumane lui-même retentit dans les airs avant que des troncs s'abattent, que des éclairs frappent... Les joueurs ne peuvent rien y faire, Gandalf ne fera que gâcher ses sorts en se servant de la **manipulation** contre les jets d'arbre et de l'**appel de la nature** pour calmer l'orage. À la fin, Boromir ou un autre PNJ crie : « C'est une folie, il faut faire demi-tour vers le col de Caradhras ! »

RÈGLES : LA MAGIE

Gandalf n'a que quatre cartes de sorts, et ne peut lancer chacun qu'une fois par scénario. Attention à ne pas les gaspiller !

Le col de Caradhras est facile à reconnaître à sa haute cime. Le terrain s'élève sous vos pieds mais vous n'êtes encore qu'au pied de la montagne. Le repaire des Trolls est à quelques heures derrière vous.

Les voyageurs savent que le col de Caradhras est ouvert presque toute l'année ; d'habitude le danger vient des Orques en maraude. Le col n'est fermé par la neige qu'au cœur de l'hiver. Pourtant des nuages chargés de flocon se rassemblent au-dessus de vos têtes...

Avant que vous puissiez décider de poursuivre ou non, une bourrasque s'abat depuis les flancs de la montagne. Impossible de l'éviter : vous voilà piégés dans le blizzard ! Vous n'y voyez pas à trois pas. Attention, dans un instant vous allez être séparés les uns des autres !

Que fait le porteur de l'Anneau ? Et que fait chacun ?

Informations réservées au MJ

Pour savoir qui fait quoi, le MJ interroge d'abord Frodon, puis le joueur qui a la carte TENTATION (si c'est Frodon, celui qui a la carte MÉFIANCE). Cet épisode est une belle occasion pour le traître ! En cas d'attaque sur le porteur de l'Anneau, ses cris suffisent à le localiser dans la tourmente.

Chaque joueur tente une action *héroïque* (avec bonus **sens pratique** ou **pistage**) ; ceux qui réussissent restent ensemble, les autres sont égarés en tombant dans une crevasse (perte d'1 PV). Leurs cris permettent alors de les retrouver. Cette action est évitée si Gandalf utilise le sort **appel de la nature** pour calmer le vent le temps de rassembler le groupe, puis le blizzard reprend.

Quand le groupe est complet, ils voudront **trouver un abri, avancer ou faire demi-tour.** Ils réussissent mais perdent 1 PV d'épuisement, sauf s'ils ont eu l'idée de se tenir les uns aux autres, d'improviser une corde avec leurs couvertures, ou si Gandalf a encore le sort **appel de la nature.**

Passer alors à l'épisode 4.

4. LE DERNIER NAZGÛL

Enfin ! Malgré les assauts du vent, vous avez réussi. Ce n'est pourtant que le début, car trouver votre chemin dans la neige sera bien plus difficile... Vous vous tenez près d'une roche en saillie. Frodon garde ses mains crispées sur sa poitrine, craintif. Instinctivement, son regard se tourne vers Boromir.

Mais où est passé Boromir ?

« Meurs ! Meurs, serviteur de Sauron ! »

La voix du guerrier résonne au-dessus de vous, sur l'éperon rocheux. Il se dresse devant une silhouette noire et décharnée qui le domine. La tempête tourbillonne autour d'eux, comme si elle naissait de la créature. Merry pousse un cri : « Le cavalier... Le cavalier noir ! »

C'est le neuvième, le dernier des Nazgûls – le seul dont la forme n'a pas été dispersé par l'eau au Gué de Bruinen !

Informations réservées au MJ

Les huit autres esprits servants ont regagné d'une manière ou d'une autre le Mordor pour y reprendre force et consistance. Seul reste celui-ci, un lieutenant du Roi-Sorcier d'Angmar, et il va être difficile à vaincre par nos héros...

NAZGÛL : Défense *héroïque*, 7 PV

Avec un horrible cri, l'esprit taillé en lambeaux par vos armes s'envole dans un tourbillon noirâtre. Mais quel est ce prodige ? La forme bossue se redresse... Les restes du Nazgûl se sont déjà rassemblés ! Comment tuer cet être sans forme ?

« Il faut fuir ! » couine Pippin.

Informations réservées au MJ

La présence de l'Anneau surexcite et renforce le Nazgûl. Par la voix de Boromir, le MJ annonce qu'il risque de se relever plusieurs fois, et fait lancer un dé par Frodon pour savoir combien de fois... Le but est de pousser les joueurs à trouver une autre solution que le combat.

Le mieux est de fuir vers l'ancien repaire des Trolls, à condition que la porte de pierre soit encore intacte. L'esprit servant pourra être attiré à l'intérieur (celui qui servira d'appât devra réussir un jet *normal*, avec bonus **acrobatie**, pour échapper à ses griffes avant de claquer la porte). Le temps qu'il s'en échappe, les joueurs seront déjà de l'autre côté des Monts Brumeux !

Le groupe peut fuir vers le col de Caradhras ou vers la Moria, mais alors le Nazgûl les rattrapera. Les joueurs doivent le pousser dans un gouffre sans fond (jet *héroïque*, bonus **acrobatie**, -1 PV en cas d'échec), l'ensevelir sous un éboulement (même conditions avec bonus **ami des roches**), ou tout autre expédient de leur invention.

Sur un dernier cri, la menace disparaît... pour le moment ! Il est temps de faire une **pause**.

Une pause !

Le milieu du scénario ! C'est le moment de laisser les joueurs faire une pause, grignoter et surtout échanger un peu.

Si le joueur qui a reçu la carte TENTATION n'a pas agi, le MJ lui conseille discrètement de le faire durant l'épisode de la Moria.

Annoncez ensuite que les portes de la Moria sont franchies et commencez à l'épisode **5**. Si le groupe fatigue ou que la partie dure plus que prévu, le MJ peut supprimer l'épisode **6** (les bonus à y trouver sont alors à placer ailleurs : **pierre affutée** en 5, **éclats de mithril** au début du 7).

5. La deuxième porte de la Moria

Informations réservées au MJ

Cette deuxième partie se situe entre le carrefour des trois portes où Gandalf hésite, et la découverte de la tombe de Balin.

Chaque joueur reprend 1 PV avant de commencer cette partie du scénario.

La Moria ! Ces profondes mines creusées par les Nains d'un versant à l'autre de la montagne. Abandonnées, en ruines, envahies par les Orques peut-être... Depuis combien de temps suivez-vous la lumière du bâton de Gandalf ? Pourtant, mieux vaut cela que de voir la lame de l'épée Dard s'éclairer de bleu. Car alors les Orques ne seraient pas loin...

Après une longue pause à un carrefour percé de trois arches, vous avez choisi le chemin qui sentait le moins mauvais : dans le doute, toujours suivre son flair !

Dans le noir, les autres sens sont exacerbés. Pas seulement l'odorat : l'ouïe aussi... Derrière le pas lourd de Boromir et Gimli, les enjambées fermes du Rôdeur, la démarche légère de Legolas et des Hobbits, se fait entendre un écho... Un bruit de pas léger qui se fait encore entendre un instant quand vous vous arrêtez, et qui reprend sitôt que vous repartez...

Informations réservées au MJ

Gollum suit la Communauté depuis peu. Si les joueurs ne se rappellent pas de sa présence dans cette partie du film, ils scruteront les ténèbres. Les deux premiers joueurs qui réagissent jettent les dés (+1 pour Legolas aux sens aiguisés, bonus **ami des roches** pour Gimli habitué aux grottes). Une réussite de niveau *faible* permet d'entendre de faibles bruits de gorge, une réussite *normale* de distinguer une petite créature fluette, ramassée sur elle-même, aux yeux globuleux.

Gollum se contente de suivre les héros, il ne fait rien s'ils restent attentifs. Tenter de le surprendre, de l'attirer, de le semer ou de le piéger échouera. **Si, au contraire, les héros ne s'inquiètent pas du tout de sa présence,** le MJ crée un incident pour leur rappeler la prudence. Il impose une halte pour dormir, et au réveil, les sacs ont été ouverts et retournés, mais rien d'important n'a disparu (sauf si le MJ le souhaite).

Au bas d'un grand escalier, vous découvrez plusieurs longues salles connectées entre elles. Les voutes ont été enfoncées par des racines, des mousses et moisissures ont colonisé les murs de pierre. L'enfilade de pièces débouche sur une paroi divisée de haut en bas par une mince rainure, et gravée de runes. De part et d'autre, des niches ont été aménagées, quatre en tout. Trois contiennent un petit objet couvert de poussière.

« Une énigme dans le noir. Comme Bilbon quand il a rencontré Gollum sous les montagnes ! » remarque Pippin.

Informations réservées au MJ

La paroi peut s'ouvrir en deux : c'est l'un des seuls accès aux mines de mithril. Les trois niches contiennent dans l'ordre : des morceaux de verre transparent, un tissu taché de sang et un éclat de lapis-lazuli bleuté. Pas de serrure ni de poignée. La force brute ne sert à rien, et Gandalf sent que le sort **manipulation** est inutile.

Seuls Gandalf ou Gimli peuvent tenter de **lire les antiques runes naines** (difficulté *normale*, bonus **maître du savoir**). Sur un succès, ils reçoivent la carte ÉNIGME N°1. En cas d'échec, le MJ laisse les joueurs fouiller et leur décrit **les fresques de la salle** : quatre nains munis de pioches, chacun exhibe une pierre à facettes différente.

Les niches contiennent des cailloux ayant la couleur des grandes pierres précieuses : diamant (transparent), rubis (rouge) et saphir (bleu). **Pour ouvrir la porte**, il faut déposer dans la niche vide quelque chose de vert (comme l'émeraude) : mousse prise sur le mur, bout de vêtement de Legolas ou d'un Hobbit, feuille d'herbe à pipe… La porte s'ouvre alors sans un bruit sur l'escalier et l'épisode 6.

Bloquer la porte n'empêchera pas Gollum de suivre le groupe.

6. LES ATELIERS

La deuxième porte de la Moria s'ouvre sur une interminable volée de marches. Ici les murs ne sont plus taillés au cordeau comme dans les parties nobles ; la roche est grossièrement creusée au burin. Vous êtes dans un ancien secteur de la Moria, peut-être un puits de mine abandonné.

Enfin les marches donnent sur un atelier où travaillaient jadis une centaine de Nains. Leurs outils rouillés sont constellés de toiles d'araignées. Des seaux pleins de minerai brut trainent sur le carreau.

Informations réservées au MJ

Les joueurs ne trouveront que quelques outils abîmés, rien pour fabriquer des torches (voir épisode 8). Le minerai est brut, et Gimli peut voir du premier coup d'œil qu'il ne s'agit que de fer ou de cuivre vulgaires. Mais si les joueurs persistent à fouiller et que le Nain participe, celui-ci finit par trouver une **pierre à affuter** dans un seau (un autre joueur qui réussit un jet *normal* s'aperçoit qu'il a trouvé une pierre différente et peut demander l'avis du Nain).

La pierre transformera la hache de Gimli en **hache affutée +1** à condition qu'il réussisse un jet de niveau *faible* (bonus **technique**). Seul le Nain peut tenter de s'en servir, et la pierre n'affute que l'acier nain. Elle s'effrite après un unique usage.

L'endroit est assez tranquille pour que les joueurs puissent y dormir, s'ils ne l'ont pas fait dans l'épisode 5.

Au fond de l'atelier s'ouvrent deux tunnels. L'un remonte mais semble obstrué. Au fond brillent de légers reflets d'argent. L'autre reste au même niveau et on distingue de vagues traces dans la poussière.

Informations réservées au MJ

Dans le tunnel qui monte, le plafond s'est éboulé. Le passage ne peut pas être dégagé par la force, et le sort **manipulation** ne fera que provoquer un nouvel éboulement (un jet de dés à comparer à la Défense de chacun ; perte 1 PV si le résultat est supérieur). Des intervalles entre les grandes pierres permettent à Legolas ou bien à un des Hobbits de s'y faufiler (Gimli et les humains sont trop larges d'épaules). Gandalf pousse l'intensité lumineuse de sa baguette au maximum et la tend aussi loin qu'il peut entre les débris.

Dans le tunnel éboulé, tu te contorsionnes pour te glisser entre deux roches. En tombant, elles ont formé un passage étroit et sinueux. Tu touches enfin le fond du boyau. C'est un cul-de-sac ! Les derniers rayons de la lueur magique s'y reflètent sur une toile d'araignée argentée incrustée dans la roche, et qui chatoie comme un rayon de lune...

Informations réservées au MJ

Il s'agit d'une veine de mithril. Si on lui passe un outil ébréché, l'éclaireur peut en extraire des **éclats de mithril**. Le métal a une grande valeur mais il n'est pas possible d'en obtenir assez pour que Gimli en fasse une arme. S'il réussit un jet de difficulté *faible* (bonus **technique**), Gimli peut marteler le minerai pour en couvrir la pointe des flèches de Legolas (**flèches améliorées +1**).

Dans le tunnel poussiéreux, vous suivez les traces d'un pas traînant. Les grandes bottes de Boromir font au moins deux fois la taille de ces empreintes. Un voyageur qui s'est égaré par ici ? Un Nain, peut-être ? Ou Gollum ? Mais alors, qu'espérait-il trouver ?

Informations réservées au MJ

Ce n'était pas un Nain à la recherche de l'Anneau de Thror. Si un joueur examine les traces (bonus **pistage**), une réussite *normale* révèle que le passage remonte à plusieurs jours, une réussite *normale* que ce sont les traces d'un Orque, une réussite *héroïque* qu'il était égaré car il piétinait sur place et revenait parfois sur ses pas.

Suivre ce passage mène vers l'épisode 7.

7. Le labyrinthe des vieilles mines

Le tunnel en croise un autre, puis plusieurs. Tous les trois pas, de nouvelles bouches d'ombre s'ouvrent comme pour vous avaler... À certains endroits, les traces de pas sont à nouveau visibles. Vous débouchez enfin sur une grotte. Les parois ont manifestement été fouillées à la pioche, et plusieurs boyaux semblent suivre les filons. Quelques fils d'argent s'entrecroisent autour de gemmes à l'éclat troublant...

Informations réservées au MJ

S'ils examinent les murs, Gimli et/ou Gandalf lancent chacun les dés (bonus **ami des roches** ou **maître du savoir**). Une réussite *normale* révèle que ces fils sont d'infimes restes de mithril. Un succès *normal* permet de prendre connaissance du post-it sur le mithril, ci-contre. Une réussite *héroïque* révèle que les Nains ont été trop avides et ont creusé trop profondément, et éveillé une terreur oubliée... Tous sont morts, puis des Orques ont rassemblé tout le mithril restant pour l'offrir à Sauron, qui le conserve au Mordor !

Quant aux gemmes, impossibles de les extraire faute des bons outils. Gimli ne les identifie pas. Les fixer donne une impression d'étrangeté et laisse une sensation de malaise.

Au fond de la grotte, vous apercevez une forme étalée sur le sol, entourée d'une mare de sang ! La face de la créature est crispée, ses yeux grands ouverts, comme si la créature avait vu se matérialiser son pire cauchemar avant de mourir...

Le mithril

Le mithril valait autrefois deux fois son poids en or, mais il est devenu si rare que sa valeur est devenue énorme. Une cotte comme celle de Bilbon vaudrait autant que la Comté entière ! Les nains savaient en faire des protections souples et fines comme le tissu, mais presque impossible à percer.

Informations réservées au MJ

C'est l'Orque dont le groupe suivait les traces. **Examiner le corps ou ses empreintes** (bonus **pistage**) indique sur une réussite *normale* qu'il revenait vite sur ses pas, comme s'il fuyait quelque chose. Une réussite *héroïque* précise que le coup fatal a été porté par une lame très irrégulière. Ni Aragorn ni Boromir ne connaît d'arme pareille. Les joueurs soupçonneront peut-être Gollum, qui n'est pourtant pas armé.

L'Orque n'a sur lui qu'un cimeterre brisé et quelques **rations** puantes à base de rat écrasé. D'un goût horrible, ce repas rend 1 PV à chaque joueur qui souhaite en manger et surmonte son dégoût (difficulté *normale*, bonus **sens pratique**).

Si Frodon tire Dard elfique du fourreau (ce qu'il n'a pas de raison de faire), il remarque que la lame brille d'un bleu intense, signe qu'au moins un autre Orque est proche !

Un intrus va se jeter sur Gandalf...

Alors que vous êtes réunis autour de la dépouille de l'Orque, quelque chose surgit des ombres et se jette sur le Magicien ! Gandalf se plie en deux sous le coup...

« Il y a des êtres plus anciens et plus répugnants que les Orques dans les profondeurs... » disait Gandalf dans la Moria. Il pensait au Balrog. Pourtant nos joueurs vont découvrir des créatures encore plus monstrueuses à leurs yeux...

et lâche son bâton, qui s'éteint. La créature s'enfuit en emportant la baguette. Vous voilà dans le noir !

Que faites-vous ?

RÈGLES : LES MALUS

Dans le noir, le MJ impose en général un malus -2 pour les actions qui impliquent la vue, notamment pour combattre. Les sens aiguisés de Legolas et le bonus **ami des roches** de Gimli, habitué des mines, compensent ce handicap.

8. L'ANTRE DU BALROG

Le noir est total, même pour la vue d'un Elfe ou l'œil exercé d'un Nain ! Il y a là quelque maléfice, car vos briquets à silex se refusent à faire la moindre étincelle... Juste avant que le halo du bâton s'éteigne, vous avez aperçu une petite créature blanche et contrefaite. Dans les ténèbres, vous entendez ses gloussements qui s'éloignent, là où trois tunnels s'ouvrent...

Informations réservées au MJ

Plus loin, le voleur franchira un deuxième carrefour à trois voies. Les joueurs peuvent :

- **tendre l'oreille** : l'écho des mines ne facilite pas la tâche. Un joueur de tête est désigné. Il doit réussir un jet *héroïque* (bonus **pistage**, +1 pour Legolas, bonus **ami des roches** pour Gimli) à chacun des deux carrefours. Si le résultat est au moins à hauteur *normale*, les joueurs se rendent compte qu'ils ont échoué et le MJ leur demande de désigner un tunnel au hasard, avant de lancer un dé : de 1 à 4, erreur et chute dans un trou (–1 PV), avec 5 ou 6 c'est le bon tunnel.
- **le sort feu et fumée** pour enflammer des lambeaux d'habits autour d'une lame. Il n'y a aucun autre combustible, et le tissu brûle vite ! Les joueurs sont éclairés et suivent le fuyard au premier carrefour... puis le feu magique s'éteint.
- **utiliser Dard.** C'est la meilleure option. Un MJ généreux signalera peut-être aux joueurs qu'ils aperçoivent une étincelle bleutée dans la direction d'où provient la voix de Frodon ; à eux de comprendre qu'il s'agit du halo de Dard étouffé par le fourreau. À chaque carrefour, la lame brille plus intensément en s'approchant du bon tunnel.

Après plusieurs virages, l'écho de votre pas rend un son différent : les parois se sont écartées. Vous avez atteint le cœur de la mine ! Une lueur vague provient de plaques lisses dans les murs, comme une galérie des glaces. On dirait les gemmes que vous avez déjà vues, mais beaucoup plus grandes !

Au milieu de cet espace s'ouvre un puits de ténèbres qui irradie le mal à l'état pur... Par tous les Dieux, qu'est-ce que les Nains ont déterré ? Quel monstre ont-ils réveillé ?

Au bord du trou se tient le petit monstre. Ce n'est pas Gollum, mais une caricature d'Orque contrefait et bossu, une jambe plus courte qu'une autre. Sa face est tordue comme un reflet déformant. Il glousse. D'une main il joue avec le bâton de Gandalf, de l'autre il brandit une lame gondolée !

Informations réservées au MJ

Il n'est pas urgent de récupérer le bâton, la lueur des miroirs suffit pour y voir. **Toucher leur surface** donne vie à un reflet déformant, un double à l'esprit torturés. L'Orque mort en a fait la triste expérience, égorgé par son « jumeau » déformé…

Porter un coup sans briser le bâton ni faire tomber la créature dans le puits va être difficile, d'où la Défense élevée.

ORQUE TORDU : Défense *héroïque*, 4 PV

À chaque coup qu'il porte avec succès, l'Orque inflige une blessure **et pousse son adversaire vers un miroir !** Le joueur concerné doit réussir un jet de difficulté *normale* (bonus **acrobatie**) pour éviter de heurter la gemme. S'il échoue, son double apparaît, les yeux fous, riant et bavant, brandissant une version gondolée de sa propre arme !

Le MJ doit faire de ce combat un affrontement épique, pour clore le scénario en beauté ! Prudence tout de même : **le MJ s'arrange avec les résultats pour qu'il n'y ait pas trop de doubles à la fois (un pour deux ou trois joueurs).**

Si le joueur qui avait la carte TENTATION n'a toujours pas agi, le MJ lui ordonne d'agir.

LES DOUBLES TORDUS

Dans l'ordre de bataille, le double s'ajoute après l'Orque Tordu. Boromir, Merry et Pippin sont occupés dès le début par leurs propres doubles.

DOUBLE TORDU : même Défense et PV que l'original.

Par chance, **un double ne bénéficie d'aucun bonus de compétence ou d'arme, ni de sorts.** Les objets magiques contrefaits n'ont aucun pouvoir.

Si l'Orque Tordu meurt, les autres doubles combattent toujours.

Les gemmes-miroir sont trop solides pour être brisées. Après le combat, les cadavres des doubles tombent en poussière si les héros les touchent, les fouillent ou tentent de récupérer armes ou objets.

Épilogue : Galadriel parle

Quelle bataille ! Moi, Galadriel, je la déclare digne d'être chantée par les Elfes !

Voilà que toi, Gandalf, tu brandis à nouveau la baguette du Conseil Blanc. Mais même ta magie ne peut éclairer le fond du puits découvert par les Nains. Vois ce rebord déchiqueté ! Vois ces traces de griffes ! Et tout autour du trou, les crâne des mineurs ! Leurs orbites vides ont contemplé l'horreur... Un mal ancien dormait ici, réveillé par la cupidité des Nains !

Je te vois, Gandalf, hésiter puis te taire. Tu sais quel adversaire t'attend...

Mais déjà, les galeries vous ramènent vers le grand hall de Cavenain. Déjà toi, Gimli, tu aperçois la tombe de Balin, ton parent.

Et non loin s'ouvrent les grands escaliers en ruines, et se dresse le pont de Khazad-dûm. Des tambours résonnent. L'ombre et la flamme s'avancent... Un démon de l'ancien monde ! Le Magicien Gris sait qu'il doit se sacrifier...

Mes larmes troublent l'eau du Miroir quand je vois Gandalf, entraîné au fond du gouffre par le fouet ardent... Sur ses lèvres, je lis ses derniers mots : « Fuyez, pauvres fous... »

Ne me demandez plus rien. Fuyez ! Fuyez vers la Lorien !

N'oubliez pas de distribuer les XP aux joueurs !

SCÉNARIO 2

DANS LES ENTRAILLES D'ISENGARD

ATTENTION, seul le MJ doit consulter ce scénario !

CHANGEMENTS IMPORTANTS

Ce deuxième scénario s'ouvre après de nombreux événements que Galadriel va résumer ci-dessous. Avant cela, le MJ annonce aux joueurs plusieurs changements :

- Boromir, mort en héros, ne fait plus partie des PNJ.
- Frodon et Sam ont fui, **les joueurs qui avaient ces PJ incarnent Merry et Pippin à la place.**
- Merry et Pippin ont tous les deux reçu un cadeau de Galadriel (**cartes OBJET : Dague des Noldorims**). Ils ont grandi et forci grâce à la boisson des Ents : **gain définitif d'1 PV ou gain d'un niveau de Défense** au choix des joueurs.
- Aragorn a reçu la **pierre elfique**, insigne de sa famille et de sa lignée, que Galadriel avait en garde. Il gagne 2 XP, qu'il conserve ou convertit tout de suite s'il le souhaite.
- Gandalf le Gris est devenu Gandalf le Blanc. Ses pouvoirs ont changé : remplacer la **carte SORT : Feu et fumée** (le MJ la récupère) par la **carte SORT : Illumination.**
- Gimli a reçu de Galadriel **trois cheveux blonds** (à noter sur sa fiche de PJ) et surtout... un peu de sagesse ! Il gagne 3 XP, qu'il conserve ou convertit tout de suite s'il le souhaite.
- Legolas a reçu de Galadriel la **carte OBJET : Arc de Galadriel.**

Prologue : Galadriel parle

Entends ma voix, Communauté brisée ! Galadriel te parle...

Mes larmes ont troublé mon Miroir quand ses eaux ont reflété la chute du grand Gandalf au pont de Kazad-dûm... Puis mon cœur s'est empli de joie en vous accueillant dans mon royaume, dans la verte Lorien. Faites bon usage de mes cadeaux...

Puis hélas ! Le grand Boromir a trahi ! Il est mort en héros pour se racheter. Trop tard : le porteur de l'Anneau vous a quittés...

Vous, Merry et Pippin, avez failli disparaître aussi... Les affreux Uruk-hai de Saroumane, cherchant Frodon et son « arme elfique », vous ont enlevés. Heureusement, Sylvebarbe vous a tendu une branche secourable...

C'est alors que l'impensable est arrivé. Mon Miroir s'est illuminé quand j'ai vu Gandalf reparaître, revenu d'entre les morts... Le Pèlerin Gris est devenu le Magicien Blanc ! Fort d'une nouvelle puissance, je l'ai vu sauver le roi du Rohan, Théoden, de l'emprise de Saroumane...

Et maintenant, écoutez tous. Votre nouvelle aventure commence à l'ombre de la tour Orthanc, dans le cercle d'Isengard. Merry et Pippin viennent de vous y accueillir, très occupés à fumer l'herbe à pipe du Magicien ! Tous ensemble, vous encadrez Gandalf, Sylvebarbe et le roi Théoden, pour gagner à cheval le pied de la tour et défier une dernière fois Saroumane...

Isengard et la tour Orthanc

Les remparts de la vallée d'Isengard sont l'œuvre des Numénoréens, les fondateurs du Gondor. Adossée à la montagne, ce verrou défensif surveille la trouée du Rohan au sud des Monts Brumeux. Au milieu du cercle se dresse une tour faite de quatre piliers soudés, taillés dans une roche indestructible : Orthanc ! Depuis trois siècles, la forteresse est occupée par Saroumane, qui en a reçu les clés de Beren. Cet Intendant du Gondor, affaibli par plusieurs invasions de pirates d'Umbar, renonçait ainsi à défendre l'ouest lui-même.

Le Magicien a marqué les lieux de sa Main Blanche, son emblème, et érigé un barrage sur les sources de l'Isen. Il a transformé les lieux en profondeur, mais nul ne se doutait à quel point...

1. La roue tourne

L'eau clapote dans le cercle d'Isengard. Les Ents ont détruit le barrage pour noyer les puits qui parsèment la vallée. Des épaves remontent doucement des souterrains, avec la vapeur des forges noyées.

Saroumane garde sa fierté dans la défaite. Du haut de sa tour, il refuse de plier devant vous. Car le mage déchu a encore deux atouts dans ses manches : sa voix de miel et sa magie. Le vieux fou tente même de se servir de son bâton contre vous ! Mais Gandalf le brise d'un geste. Alors Saroumane n'a plus rien à vous offrir que des injures.

Après la grandeur vient la chute... Poignardé sous vos yeux par le traître Grima, Saroumane tombe de haut ! Sous vos yeux, il finit empalé sur une de ses machines... Sous le choc, un objet rond et brillant s'échappe des plis de sa robe.

Pippin, le halo de cet objet dans l'eau te fascine...

Que fais-tu ? Que faites-vous tous ?

Informations réservées au MJ

Les héros sont à cheval : Gimli est derrière Legolas, Pippin avec Gandalf, et Merry derrière Aragorn. Il est impossible de ramasser quelque chose sans mettre pied à terre.

Si les joueurs agissent comme dans le film, **Pippin récupère le Palantir** et le MJ lui décrit l'impérieux besoin qu'il ressent d'en sonder les profondeurs... Dès qu'il y touche, le Meneur donne aux joueurs la **carte OBJET : Palantir**, et passe à la suite.

Si Pippin n'agit pas ? Le MJ fait ramasser le Palantir par Sylvebarbe qui trouve que « Brouhaoum, ce galet est des plus décoratifs ! »

Si avant ça, les PJ fouillent la dépouille du Magicien, ils trouvent le **bourdon du bâton** brisé de Saroumane (**carte OBJET : Bâton brisé de Saroumane** à remettre aux joueurs). Il n'a plus aucun pouvoir.

La pierre ronde se met à briller.

– Un Palantir ! Cet objet est dangereux ! crie Gandalf.

Les chevaux piaffent, ils sentent quelque chose. Soudain, des ondes parcourent l'eau. La large dalle de pierre où vous vous tenez commence à basculer dans un trou ! C'est la panique ! Le Palantir vous échappe des mains et roule vers le gouffre. En bon cavalier, Théoden fait sauter sa monture sur un carré de terre ferme, juste à temps. Mais Sylvebarbe vacille... L'Ent et la pierre de vision disparaissent en même temps dans le trou ! La dalle penche encore plus, déjà vos chevaux glissent...

Vite, que faites-vous ?

Informations réservées au MJ

Les PJ à pied sont automatiquement entraînés par l'eau.

Les cavaliers (pas les PJ montés derrière eux) peuvent tenter de faire s'élancer leur monture loin du puits. Comme la grande dalle penche de plus en plus, chacun de ces joueurs doit réussir trois jets : *faible* puis *normal* et enfin *héroïque* (bonus **acrobatie**, malus –2 avec quelqu'un en selle). Un seul échec et c'est la chute !

Si par une chance extraordinaire un joueur réussit, le MJ le félicite de cet exploit qui vaut bien 1 XP. Puis il l'informe que... le carré de terrain où il a atterri cède brusquement !

Sous le regard horrifié de Théoden et d'Eomer, vous basculez ! Les bêtes hennissent et s'agitent avec l'énergie du désespoir, mais rien n'y fait : vous videz les étriers... Vous heurtez une cascade avant d'être projeté dans les airs... Puis c'est le noir.

Vous revenez à vous au fond d'une grotte humide, remplie de machines de fer mises en pièce. La lumière n'est qu'un point blanc loin au-dessus de vos têtes. Tout autour gisent vos montures. L'eau ne tombe plus, mais vous voilà piégés dans les entrailles d'Isengard !

Informations réservées au MJ

Les joueurs à pied ou qui n'avaient pas réussi leurs trois jets successifs perdent 1 PV.

Aucune trace de Sylvebarbe ou du Palantir (le MJ récupère cette **carte OBJET**). Si les PJ ne l'ont pas déjà, ils trouvent le **bourdon du bâton de Saroumane** dans la grotte (**carte OBJET**).

Les montures sont mortes, mais une des fontes contient quelques bandages propres et du gros sel. Ce **traitement de cheval** permet de rendre 3 PV même sans compétence (en une fois ou plusieurs, sur un PJ ou plusieurs).

Si les PJ appellent à l'aide, Théoden et le capitaine Eomer se penchent sur le bord du gouffre et leur crient de chercher une galerie qui remonte.

Un « Brouaoum ! » sonore retentit dans le noir, puis quelque chose est soudain projeté vers vous ! Un Orque atterrit dans une flaque à vos pieds. Sylvebarbe apparaît à grandes enjambées dans le halo du bâton de Gandalf. Il est en colère :

« Porteur de hache ! Orque ! Engeance bonne à écraser ! »

Informations réservées au MJ

Sylvebarbe ne sait pas ce qu'est devenu le Palantir. L'Orque n'a rien sur lui, il couine et se tait si on le menace. Seuls le sort **intimidation** ou la menace de le livrer à l'Ent le font parler. **Réponses possibles selon les questions posées** :

- il s'appelle Kzûl, il est forgeron pour les Uruk-hai.
- il ne sait rien du Palantir.
- beaucoup de grottes sous Isengard sont noyées.
- des survivants du détachement parti à la recherche de « Semi-Hommes » et d'une « arme elfique », décimé par des « sales cavaliers avec leurs lances pointues », sont revenus juste avant l'attaque des « arbres qui marchent et tuent ».
- l'armée Uruk-hai est née par sorcellerie dans les écloseries.
- la seule sortie à ce niveau est l'escalier des écloseries (il montre le nord-ouest du doigt).

Si les PJ laissent filer Kzûl, il disparaît. Le tuer après lui avoir promis la vie sauve est fourbe, en tenir compte pour attribuer les XP en fin de scénario.

Vous apercevez trois issues voutées, étroites mais assez hautes pour que même l'Ent puisse faire passer ses ramures. Un tunnel donne sur le nord, un à l'ouest et un dernier au sud.

Informations réservées au MJ

Le MJ conseille fortement aux joueurs de tracer un plan à partir de ses indications.

Le nord donne au **5**, l'ouest au **2** et le sud au **3**. S'il examine les tunnels, Legolas remarque une odeur désagréable au nord, et un air humide au sud. Les autres doivent réussir un jet *normal* (bonus **ami des roches**) pour les mêmes informations.

L'eau risque de monter, les héros n'ont pas le temps de bivouaquer. Mais si le groupe est mal en point durant le scénario, le MJ peut tout de même autoriser un repas de *lembas* en 1, ce qui rend 1 PV à tous.

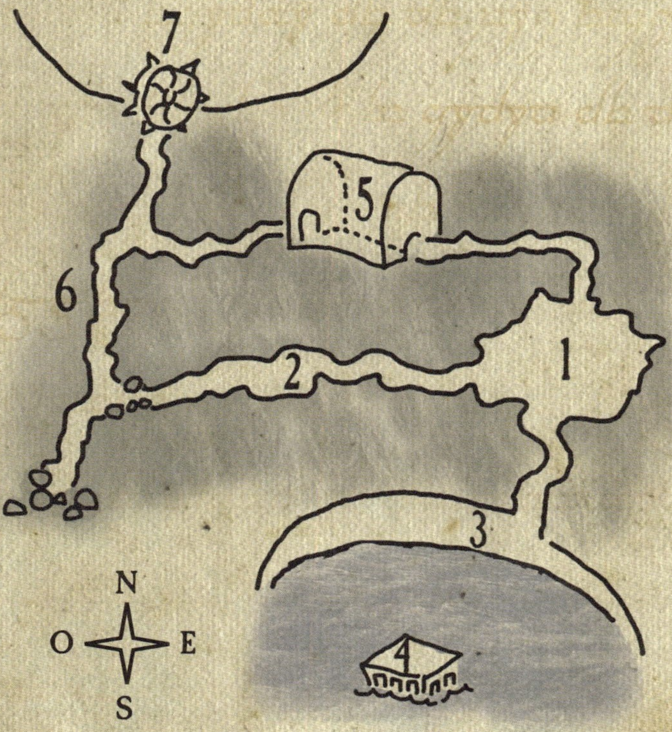

2- LE DÉFI D'UGLUK

Vous avancez vers l'ouest le long du boyau, tous vos sens en éveil. « Brouahoum ! » Le vieil Ent gronde à voix basse. Le berger des forêts n'est pas à l'aise, si loin de ses arbres et de ses fontaines.

Chaque irrégularité de la paroi, chaque niche paraît cacher un danger... Le tunnel remonte peu à peu et se fait plus sec. Vous entendez des galopades de rats – et soudain un carreau d'arbalète se fiche à vos pieds !

Vite ! Que faire ?

Informations réservées au MJ

Se mettre à l'abri dans un creux de la paroi. D'après les cris barbares et le fracas de métal, une dizaine d'Uruk-hai est en embuscade ! Lancer un projectile (malus –2 dans le noir) peut en blesser un.

Si les héros courent à l'assaut, des rires horribles éclatent et les traits pleuvent ! Le MJ lance les dés, à comparer à la Défense de chaque PJ pour savoir s'ils reçoivent une blessure (1 PV).

Ou juste faire demi-tour vers la grotte 1.

Dans tous les cas, un grand bruit surprend alors les PJ : une lourde roche ronde déboule vers eux dans la pente !

Sylvebarbe laisse passer la roche entre ses deux grandes jambes écartées, et crie : « Ahoum ! À l'abri contre la pierre froide, petites personnes ! » Son avertissement sauve le groupe.

Quelques carreaux d'arbalète sifflent encore dans le tunnel, puis une voix rauque retentit dans les tunnels :

« Chiens du Rohan ! Vous faites face à votre mort, car je suis UGLUK, le dernier des Uruk-hai ! Mes frères sont morts sous vos lances ! Morts par la faute de deux sales petits fuyards, ces deux Semi-Hommes puants ! Livrez-les moi si vous voulez récupérer votre arme elfique ! J'AI DIT ! »

Une flamme s'allume dans le noir, dévoilant la face hideuse d'un Uruk-hai, le Palantir brandit dans son poing. La lueur s'éteint brusquement. Que faire ?

Informations réservées au MJ

Des PJ qui suggèrent de livrer les deux Hobbits provoqueront la colère du PNJ Sylvebarbe et verront leurs XP compromis...

Merry et Pippin reconnaissent Ugluk. Saroumane lui avait ordonné de trouver deux Semi-Hommes et une « arme elfique », sans préciser qu'il s'agissait de l'Anneau. Le guerrier avait pris les deux Hobbits pour Sam et Frodon, comme il croit maintenant que le Palantir est l'arme que voulait le Magicien... Lui et les survivants de la bataille ne veulent plus rien si ce n'est tuer les Semi-Hommes, qu'ils tiennent responsables de la chute de Saroumane. Ugluk se sait condamné et ne cherche que la vengeance ou un baroud d'honneur. Le Palantir ne l'intéresse que comme monnaie d'échange. **Négocier est inutile.**

Faire demi-tour ou donner l'assaut se solde par une volée de carreaux (comme ci-dessus) et l'obligation de se plaquer aux murs. La situation est donc bloquée. Les PJ doivent faire fuir les Uruk-hai avec le sort **illumination** ou **intimidation,** ou que trois PJ compétents tirent flèches et pierres pour couvrir la retraite. Sinon, l'Ent excédé finit par se lancer contre leurs ennemis et les met en fuite.

C'est la débandade ! Les Uruk-hai se replient vers le fond du tunnel. Ils abandonnent la position qu'ils tenaient derrière une chaudière renversée. Des outils traînent un peu partout. Attention à ne pas vous couper sur toute cette ferraille tranchante !

Informations réservées au MJ

Fouiller les ferrailles demande un jet avec bonus **sens pratique** ou **technique.** Une réussite *faible* permet de trouver une **scie**, une réussite *normale* donne l'intuition que cet outil sera utile pour la quête, une réussite *héroïque* suggère clairement de s'en servir en 3 si les joueurs y sont déjà passés.

Si Aragorn ou Gandalf ou Gimli sont joués, ils tentent une action *normale* (bonus **pistage, sens pratique** ou **ami des roches**). Sur un succès, Aragorn s'aperçoit que cette retraite n'a pas de sens : les Uruk-hai pouvaient encore tenir la place. Gandalf remarque que malgré l'apparence de débandade, leurs ennemis se sont repliés en bon ordre. Gimli, qui n'en est pas à son premier combat dans des mines, flaire un piège. Les trois concluent qu'il vaudrait mieux faire demi-tour vers le 1.

Si les joueurs poursuivent les Uruk-hai, ils se heurtent à une nouvelle rafale de flèches. Insister ne fera que reproduire cette situation jusqu'à ce qu'ils renoncent.

Dans tous les cas, les PJ ne peuvent accéder au 6 par ce tunnel trop bien gardé ; s'ils insistent, ils se heurtent à un mur de pierres empilées par les Uruk-hai. Il faut faire demi-tour vers le 1.

Par la suite, le MJ peut faire intervenir une fois Ugluk ou ses arbalétriers dans un autre lieu, pour inquiéter les PJ.

Les huit Palantirs

Jadis, les Palantir servaient à surveiller des terres lointaines et à communiquer avec les gardiens des sept autres pierres de vision. Ils ont été fabriqués loin des rivages de ce monde par les premiers Elfes. Ils les ont offerts aux Hommes de Numénor, une île comparable à notre Atlantide. Après la submersion, les Numénoréens en exil ont navigué jusqu'en Terre du Milieu pour fonder un nouvel empire. L'actuel Gondor n'en est qu'un reliquat. Le Palantir, placés en des lieux stratégiques, leur permettaient de maintenir l'unité de cet empire. Tombées dans l'oubli ou perdues, il n'en subsiste que peu… dont celui de la tour de Minas Morgul, tombé entre les mains de Sauron !

3. La caverne inondée

L'ouverture voûtée donne sur une galerie orientée au sud. Le sol de gravier craque sous les grandes enjambées de Sylvebarbe. Il courbe sa tête feuillue quand la voûte s'abaisse.

Le tunnel débouche sur un puits large de plusieurs portées d'arc. Vous apercevez la lumière et un coin de ciel très loin au-dessus. Mais les parois sont à pic. Elles sont percées d'ouvertures de galeries, trop haut pour les atteindre facilement.

Le fond du puits est complètement inondé ! Des fumées recouvrent la surface de ce lac souterrain, et cachent ce qui vous attend de l'autre côté…

Près de la rive, un pont suspendu fait de gros troncs liés ensemble pend le long de la paroi, encore retenu par deux chaînes.

Informations réservées au MJ

Appeler à l'aide est aussi inutile que durant l'épisode 1.

La paroi à pic ne peut être escaladée que sur quelques mètres en s'aidant des branches de Sylvebarbe ou des attaches du pont effondré. Atteindre la première galerie en hauteur est une action *héroïque* (bonus **acrobatie**, malus –1 pour les Hobbits et le Nain). Mais la galerie n'est qu'un cul-de-sac rempli de rats :

MEUTE DE RATS : Défense *normale*, 2 PV

Plus haut la paroi est trop lisse, sans aucune ouverture assez proche.

Le lac souterrain est profond et traître. Difficile de dire si les personnages du *Seigneur des Anneaux* savent **nager**, mais s'ils essaient, ils tombent vite sur le Guetteur (ci-dessous, malus –2 pour combattre en nageant, un Assaut pour regagner la rive).

La seule manière de franchir l'eau est d'utiliser le pont de bois comme un radeau. Si les joueurs n'y pensent pas, le MJ demande un jet *faible* avec bonus **sens pratique** à un PJ qui en est pourvu, pour indiquer l'idée. Le sort **manipulation** ne peut briser qu'une seule des deux chaines qui retiennent le pont de bois au mur. La force est inutile, sauf pour Sylvebarbe, à condition que les PJ lui demandent. L'Ent ne peut briser qu'une seule chaîne avant de renoncer, dégoûté par la malice de Saroumane qu'il sent dans le fer forgé. À moins de combiner les talents de Gandalf et Sylverbarbe ou de lancer le **sort supplémentaire**, il faut utiliser la scie trouvée en 2.

« Ahoum, brrroum ! Du bois mort ! De l'eau, sous terre ! Trop de complications pour un vieil Ent ! Partez, amis, nous nous retrouverons bientôt... »

Sylvebarbe ne changera pas d'avis. Vous le saluez et poussez le radeau de fortune sur le lac. Vous avancez dans la brume en vous servant de planches comme rames. L'eau noire est semée de débris, agités par de lentes ondulations. Quelque chose se profile devant vous, peut-être l'entrée d'un tunnel... Quand soudain une secousse ébranle le radeau ! Vous vous retournez pour apercevoir un nid de tentacules qui vient de surgir !

Informations réservées au MJ

Il s'agit non pas d'un rejeton du Guetteur qui a attaqué la Communauté à la porte ouest de la Moria, bien plus petit car plus jeune. Les dieux seuls savent comment Saroumane s'est procuré ce spécimen ! Un deuxième rejeton occupe les PNJ s'il y en a.

REJETON DU GUETTEUR : Défense *héroïque*, autant de PV que de joueurs +1.

Brandir le **bâton de Saroumane** effraie le Guetteur, car il se rappelle des tortures infligées par cet instrument ! Sa Défense devient alors *normale*.

Le corps flasque disparait enfin, ne laissant que quelques bulles là où l'eau se referme sur lui. Une nouvelle secousse vous alarme, mais ce n'est rien : le radeau a juste heurté l'angle d'une tour construite au fond du puits inondé. Le dernier étage émerge du lac comme une île. Un mur effondré a laissé une ouverture béante...

Informations réservées au MJ

L'exploration de cette « île » se fait en 4.

4. L'ÎLE ET LE CABINET DES ERREURS

Vous découvrez le dernier étage de la construction au fond du grand puits. Au milieu de la pièce, l'eau clapote dans un escalier donnant sur un rez-de-chaussée inondé. Autour de vous se dressent des cages de fer où s'agitent des créatures hideuses, pourvues de plus d'yeux, de pattes ou de membres que nature... Certaines de ces petites horreurs sont couvertes de cicatrices et trainent des membres qui proviennent d'un autre animal ! En apercevant un grand aquarium brisé, vous commencez à comprendre d'où venait le monstre qui nage dans le lac...

Informations réservées au MJ

Il y a dix cages, toutes verrouillées. Les crocheter est une action *normale* (bonus **sens pratique** ou **technique**). Le sort **manipulation** peut servir. L'animal libéré, rendu fou par les tortures de Saroumane, se jette sur les PJ.

ERREUR DE LA NATURE : Défense *normale*, 2 PV

La créature libérée couine et se jette à l'eau si les PJ brandissent le **bâton de Saroumane**.

Chaque PJ qui déclare fouiller la pièce subit une unique attaque (contre sa Défense, perte 1 PV) à travers les barreaux des cages : coup de griffe, crachat acide... Ils trouvent ensuite le bureau du Magicien.

Au fond d'une alcôve, un meuble à tiroirs disparaît sous les parchemins couverts de notes d'expériences. Un simple coup d'œil aux croquis suffirait à retourner l'estomac pourtant bien accroché d'un Hobbit... À quel degré de perversité Saroumane est-il parvenu ?

Au fond d'un tiroir, vous trouvez une grosse clé de fer forgé à quatre branches ainsi que deux flacons sans étiquette, l'un rempli d'un liquide incolore, l'autre bleu-vert.

Informations réservées au MJ

La **clé cruciforme** n'ouvre pas les cages, mais la porte de la poudrière 5.

Le liquide incolore est un **acide** (celui qui en boit le recrache par réflexe, mais se sent si mal qu'il a un malus de –1 pour sa prochaine action ou pour le prochain combat).

Le liquide bleu-vert est une **potion curative** à base d'*athelas* ou feuille de roi, la plante utilisée par Aragorn pour soigner Frodon quand un Nazgûl l'avait poignardé (autant de doses que de joueurs, chaque dose restitue 1 PV).

Aragorn ou Gandalf peuvent tenter identifier la nature de ces potions : action *normale* pour chaque flacon examiné (bonus **soins** ou **maître du savoir**).

L'endroit n'est pas assez sûr pour s'y reposer. Le radeau ramène à la rive au 3. Sylvebarbe n'est plus là...

5. La poudrière de Saroumane

Après quelques virages, le passage donne sur un tunnel orienté d'est en ouest, grossièrement taillé : vraiment un boulot d'Orques ! À plusieurs endroits, vous pataugez dans l'eau noire, mais le niveau ne semble pas monter... enfin, pour le moment. La galerie donne sur une haute porte de fer, ornée de la Main Blanche de Saroumane, entourée de symboles elfiques. Il n'y a pas de poignée, juste une serrure cruciforme. Une légère odeur piquante vous fait froncer les narines.

Informations réservées au MJ

Même porte, que les PJ arrive par l'est ou l'ouest. La serrure correspond à la **clé cruciforme** cachée dans la tour inondée 4.

Aragorn parle et lit l'elfique, mais ces runes sont plus anciennes et liées à la magie. Seuls Legolas ou Gandalf ont une chance de les lire : action *héroïque* (bonus **maître du savoir**). Sur un succès, le MJ remet la **carte ÉNIGME N°2**. Le texte indique aux joueurs que la clé cruciforme doit être cherchée en 4.

Enchantée par Saroumane, la porte résiste au sort **manipulation** et à toutes les attaques physiques, même de Sylvebarbe s'il est présent. Il est possible de crocheter la serrure : action *héroïque* (bonus **sens pratique** ou **technique**), mais cela déclenche une boucle magique... La porte crochetée s'ouvre alors sur une galerie très semblable à celle déjà parcourue, donnant enfin sur... la même porte verrouillée !

Seule la clé de fer cruciforme ouvrira la porte.

Une pause s'impose !

Une fois la clé cruciforme tournée dans la serrure, le MJ peut accorder une petite pause au groupe. Tout en grignotant et en échangeant, les joueurs vont sans doute se demander ce que leurs personnages trouveront de l'autre côté de la porte de fer…

Vous tournez la clé de fer et la porte s'ouvre en grinçant sur une pièce dont les murs lisses sont couronnés par une voûte à l'arrondi parfait, ornée de fresques. Sur des tables de pierre noire s'alignent des bocaux et des vases remplis de liquides et de poudres. Plusieurs boules de fer creuses de deux pieds de diamètre reposent au centre de la pièce.

Une porte s'ouvre à l'est, et une autre à l'ouest.

Informations réservées au MJ

Il s'agit de l'atelier où Saroumane fabrique son arme de guerre, la poudre à canon.

Si Gimli examine les murs très semblables à ceux d'Orthanc, il déduit que cette pièce fait partie des fondations de la tour, mais il est incapable de trouver un escalier dérobé pour monter.

Chaque héros qui fouille lance les dés, difficulté *normale* :

- Aragorn trouve un grand bocal de feuilles d'*atelas.* Sa compétence **soins** passe à +2.
- Gandalf reconnaît des poudres semblables à celle de ses feux d'artifice.
- Merry et Pippin trouvent une armoire qui contient de quoi manger ! Chaque PJ peut se nourrir et récupérer 1 PV.

Rien ne peut (et pour cause) servir à fabriquer une torche ici. Les fresques sont peu visibles à la lueur du bâton de Gandalf. Il faut grimper sur un haut meuble (difficulté *normale*, bonus **acrobatie**) pour voir que les peintures montrent un homme à la barbe et à la robe blanche, mélanger des poudres puis les verser dans une boule de fer avant d'y mettre le feu.

Fabriquer une **bombe** s'avérera très utile pour atteindre la sortie (6 et 7). La fabrication est une action *héroïque* (bonus **maître du savoir, sens pratique** ou **technique,** +1 en ayant vu les fresques). S'ils échouent, les héros peuvent recommencer à condition de s'y prendre différemment (autre PJ, ou aller examiner les fresques). Le PJ qui porte la lourde bombe ne peut pas tirer de projectile. La poser avec précaution pour combattre ou tirer prend un assaut.

Sitôt la bombe prête, l'eau s'infiltre par l'issue est, forçant les héros à franchir la porte ouest vers le 6.

6. La dernière ligne droite

Le tunnel mène vers l'ouest avant de rejoindre un large plan incliné, orienté nord-sud. Dans cette galerie, des rails de fer comme ceux des mines disparaissent sous l'eau sale. Le niveau est en train de monter ! Un boyau situé sur votre gauche est fermé par un éboulement, sans doute provoqué par les Uruk-hai. Un peu de lumière filtre en contrebas (côté sud) alors que le haut de la pente (côté nord) est plongé dans le noir. Aucune trace d'Ugluk... ni hélas, de Sylvebarbe.

Informations réservées au MJ

Ugluk s'est replié depuis le 2 (en faisant murer l'entrée du boyau) vers le fond de la galerie 6, où ses guerriers ont mis en place... une baliste ! Ils bloquent la seule sortie (7) et la galerie constitue un vrai champ de tir...

Le boyau menant au 2 ne peut être dégagé.

Et Sylvebarbe ? Il est en train de se frayer un chemin à travers les galeries pour rejoindre le reste du groupe. Il interviendra au moment propice.

Les seules options sont de gravir la pente vers le sud, ou **descendre vers le nord.**

En gravissant le tunnel vers le sud, vous arrivez bientôt devant un mur de roches éboulées. Tout passage est bloqué de ce côté. Des wagonnets remplis de charbon et de mâchefer sont renversés sur le côté de la voie.

En descendant le plan incliné vers le nord, vous sentez les poils de vos nuques se hérisser comme si un danger imminent vous guettait. Pourtant tout est silencieux dans la galerie... trop silencieux justement.

Sans préavis, une voix beugle un ordre. Encore Ugluk ! Une détente brusque, un sifflement et une énorme pointe de fer pulvérise la roche au-dessus de vos têtes. C'est un piège ! Les Uruk-hai ont placé une baliste devant la sortie !

Informations réservées au MJ

De nombreuses options s'offrent aux joueurs.

Placer la bombe dans un wagonnet avant de le pousser vers les Uruk-hai. Remettre un wagon sur les rails est une action *héroïque* (bonus **technique** ou **sens pratique**, +1 si les PJ s'y mettent au moins à trois) ; le sort **manipulation** fait aussi l'affaire. Adapter une mèche ne demande pas de compétence particulière. L'explosion de la bombe détruit la baliste et fait perdre 3 PV à tous les Uruk-hai, sauf Ugluk.

Monter eux-mêmes dans un wagonnet pour se jeter par surprise sur leurs ennemis ! Ou avancer derrière des wagons lancés à vide, ou lestés de pierres. L'impact détruit la baliste et fait perdre 2 PV à tous les Uruk-hai, sauf Ugluk... et 1 PV aux joueurs s'ils échouent à un test *normal* (bonus **acrobatie** ou **ami des roches**) pour s'éjecter à temps.

Le tir de précision pour supprimer les servants de baliste est inutile, tout blessé est aussitôt remplacé.

Dévaler en courant la galerie pour prendre la baliste d'assaut. Tactique vouée à l'échec sans une couverture. Il faut au moins deux tireurs (arc ou pierre, contre une Défense *normale*) en arrière, ou le sort **illumination** de Gandalf, ou une diversion inventive.

Les textes ci-dessous sont à adapter selon les actions des joueurs.

À fond les wagons ! Dans un grand fracas de roues, le convoi dévale la pente. Derrière la baliste, les Uruk-hai hurlent, mais leur discipline fanatique leur interdit de quitter le poste ! Ils vous visent d'une pointe de fer qui percute le wagon de tête. Il oscille sur ses roues... Il va dérailler... Mais trop tard ! L'engin percute la baliste et projette des bouts d'Uruk partout !

La bombe est chargée ! La mèche siffle. Vite, il faut lancer le wagon dans la pente ! Le véhicule mortel dévale les rails vers la baliste et le nid d'Uruk-hai. Les yeux du chef Ugluk se dilatent de terreur quand il voit ce qui s'approche. Ses soldats crient, mais leur discipline fanatique les retient à leur poste ! Une pointe de fer lancée par la baliste percute la bombe ! Elle vacille... et explose juste avant que le wagon percute l'arme ! Vos oreilles sifflent et, comme au ralenti, vous voyez des membres tournoyer dans un nuage de poussière.

À l'assaut ! Courage ou folie ? Vous vous élancez dans le tunnel en pente... Les carreaux d'arbalète volent autour de vous, alors que les Uruk-hai rechargent déjà la monstrueuse baliste. Vous vous jetez dans un creux de la paroi avant d'être tous embrochés. Vous perdez tous 1 PV. Sans une couverture ou une diversion, c'est du suicide. Que faites-vous ?

À l'assaut ! Courage ou folie ? Vous vous élancez le long du plan incliné... Les carreaux d'arbalète volent autour de vous, alors que les Uruk-hai rechargent déjà la monstrueuse baliste. Mais le sortilège / le déluge de flèches et de pierres, les force à s'abriter derrière leurs boucliers. Ugluk beugle un ordre, mais ses guerriers n'ont plus le temps d'obéir et tirer : vous êtes déjà sur eux !

Informations réservées au MJ

La baliste est servie par autant d'Uruk-hai qu'il y a de PJ moins un. Ugluk et quelques autres occupent les PNJ pendant ce temps.

Chaque URUK-HAI : Défense *normale*, 3 PV

Quand les PJ ont vaincu, ils doivent affronter Ugluk :

UGLUK : Défense *héroïque*, 5 PV

Si les PJ ont utilisé la bombe et que la partie semble vraiment trop facile, le MJ peut décider qu'Ugluk, rendu furieux de la mort de ses hommes, bénéficie d'un bonus.

Au moment où Ugluk arrive à 1 PV, des pierres tombent soudain avec fracas : Sylvebarbe vient de défoncer une paroi derrière le chef de guerre et se jette sur lui !

« BROUAHOUM ! »

La paroi derrière le monstrueux Uruk-hai vole soudain en éclats. Sylvebarbe ! L'Ent s'est frayé un chemin pour vous rejoindre ! Dans un grondement terrible, l'homme-arbre saisit les membres d'Ugluk pour le soulever de terre. Le lieutenant de Saroumane est écartelé entre deux poings noueux. Sans la moindre pitié, l'Ent écarte les bras... L'Uruk-hai hurle, déchiré en deux avant de s'abattre à vos pieds – mort. Le regard de Sylvebarbe est noir.

« Houm ! Voilà ce que méritent les porteurs de hache ! »

Dans l'une des pattes arrachées d'Ugluk brille un objet rond, brillant. Le Palantir volé !

Informations réservées au MJ

Gandalf reçoit la **carte OBJET : Palantir.** Après ce final, les joueurs ont juste le temps d'utiliser la compétence **soins** avant que l'eau se mette à dévaler le long du plan incliné. Tout est bloqué sauf la sortie 7.

7. LES ÉCLOSERIES

Vous avez encore dans les oreilles les échos du dernier cri d'Ugluk avant qu'il tombe. Le monstre s'est défendu avec vaillance, et son honneur est sauf : il a combattu jusqu'au bout pour venger ses frères. Maintenant que le combat a cessé, vous remarquez que l'eau cascade de plus en plus fort et va noyer la galerie !

Derrière le poste de la baliste, une porte enfoncée laisse passer les rayons du jour. Mais une énorme roue de fer est effondrée en travers de l'ouverture ! Des cris rauques s'élèvent de l'autre côté... Qu'est-ce qui vous attend derrière la porte bloquée ?

Informations réservées au MJ

Sylvebarbe hait les machines, il refuse de toucher la roue, sauf en dernière extrémité.

La bombe suffit si elle n'a pas servi. La placer et l'allumer est aisé, mais se mettre à l'abri plus haut en remontant la cascade est une action *normale* (bonus **acrobatie**). Chaque PJ a deux essais avant l'explosion. En cas d'échec, le PJ perd 1 PV.

Le sort manipulation peut fait tomber la roue.

La force brute demande une réussite *héroïque* (bonus +1 pour trois PJ agissant ensemble, +2 s'il s'y mettent à quatre ou plus). L'effort cause un malus –1 au prochain jet ou combat. En cas d'échec, Sylvebarbe joint sa force aux leurs et la roue est repoussée.

L'énorme engrenage bascule de côté et la porte s'ouvre. Libres ! Ou presque... Devant vous s'ouvre le dernier puits que l'eau n'a pas encore inondé.

Vous comprenez enfin d'où provenaient les cris que vous aviez entendus. Les parois du puits sont littéralement tapissées de niches pleines de boue, d'où émergent des pattes griffues... Ce sont les écloseries des Uruk-hai, et l'agonie d'Ugluk a réveillé les derniers rejetons de Saroumane sur le point de naître !

Informations réservées au MJ

Entre l'urgence, les cris des rejetons malformés et l'eau qui se met à jaillir de tous les côtés, le MJ doit faire ressentir aux joueurs une atmosphère d'apocalypse.

Attention, le but est de faire monter l'adrénaline, pas de décimer le groupe. **Le MJ adapte discrètement la difficulté d'après les forces qui restent aux héros.**

Les premiers Uruk-hai maigres, nus et griffus se jettent tout de suite sur les héros (1 pour 2 PJ, d'autres occupent les PNJ). Si le groupe est déjà très éprouvé, Sylvebarbe les balaie de grands revers de branches dès que chaque joueur a frappé une fois.

REJETON URUK-HAI : Défense *faible*, 2 PV

Ce n'était que la première vague. D'autres Uruk sont en train de crever leur cocon en poussant leur premier cri ! Il n'y a que deux moyens de sortir de ce guêpier : escalader comme une échelle un pont de bois qui pend le long de la paroi, ou le chemin en spirale creusé autour du puits. Que faites-vous ?

Informations réservées au MJ

Les joueurs peuvent choisir des voies différentes, le MJ traite alors chaque groupe à son tour.

Gravir comme une échelle le pont effondré demande de l'adresse. Il faut réussir un jet *héroïques* (bonus **acrobatie**, malus –1 pour les Hobbits et le Nain). Les PJ qui échouent lâchent prise et tombent sans dégât sur une corniche où surgit un rejeton Uruk-hai. Un PJ qui a réussi à grimper peut tirer des flèches pour aider ceux qui ont lâché prise.

Prendre le chemin creusé à flanc de paroi est plus long. Sylvebarbe prend ce chemin à grandes enjambées. Pour esquiver les monstres qui jaillissent de plus en plus nombreux, il faut réussir deux jets *héroïques* successifs (bonus **ami des roches**). Chaque PJ qui échoue est rattrapé par un rejeton Uruk-hai. Un PJ qui les a distancés peut par exemple tirer des flèches pour aider ceux qui combattent.

Le Meneur surveille les PV des joueurs et, si nécessaire, fait intervenir au bon moment les soldats de Théoden, qui lancent des cordes depuis le rebord du puits.

Épilogue : Galadriel parle

Moi, Galadriel, je vous vois sortir vivants de l'abîme, auréolés par la vapeur des cascades et les rayons du soleil couchant... Cette épreuve, vous en avez triomphé.

Gandalf ! Je te vois cacher dans les plis de ta robe la pierre de Numénor qui a failli vous coûter la vie. Tu veux la garder loin des yeux de tes compagnons. Peut-être est-ce sage... Qu'est-ce que chacun de vous y aurait vu ?

Toi, Aragorn, la pierre aurait montré un tunnel peuplé de fantômes. La voie que tu vas suivre est obscure. Pour revendiquer ton héritage, tu emprunteras le Chemins des Morts...

Toi, Merry, le Palantir n'aurait rien montré. Il aurait murmuré à ton oreille une parole prophétique. Retiens-là : *aucun Homme ne peut tuer le Roi-Sorcier d'Angmar !*

Quant à toi, Pippin, peut-être aurais-tu vu l'Arbre Blanc, et la tour qui doit être défendue : Minas Tirith...

Telles seront vos prochaines aventures. À bientôt ! Mon miroir se trouble...

N'oubliez pas de distribuer les XP aux joueurs !

SCÉNARIO 3

LA BATAILLE DE MINAS TIRITH

ATTENTION, seul le MJ doit consulter ce scénario !

UN(E) TOUR APRÈS L'AUTRE

Déjà deux scénarios ! Le Meneur et les joueurs ont maintenant de l'expérience. Cette troisième partie va la mettre à profit... Car comme dans le film *Le Retour du Roi*, les joueurs vont mener une guerre sur trois fronts ! Chacun se retrouve exactement dans la situation prophétisée par Galadriel à la fin du scénario 2 :

Pippin et **Gandalf** doivent trouver moyen d'**allumer les feux du Rohan** (épisode 1). Puis ils repoussent les assauts du Mordor contre Minas Tirith, et sauvent enfin Faramir de la folie de son père (épisode 2).

Aragorn, Gimli, Legolas tentent de **se frayer un chemin à travers les Chemins des Morts**, en espérant arriver à temps sur le champ de bataille (épisode 3). Ils affrontent ensuite les pirates aux Havres d'Umbar (épisode 4).

Merry et **Eowyn** (incarnée temporairement par un des autres joueurs) combattront au coude à coude devant Minas Tirith (épisode 5). Mais c'est face à face qu'ils affronteront le Roi-Sorcier... (épisode 6).

Avec 2 joueurs : ils incarnent à nouveau Merry et Pippin, sur deux fronts de la bataille. Les épisodes 3 et 4 ne sont alors pas joués.

Avec 3 à 5 joueurs, il manquera peut-être certains rôles clés comme Gandalf. D'autres joueurs peuvent les incarner temporairement, pour reprendre leur rôle habituel à leur tour.

Avec 6 joueurs : tous les rôles sont pourvus, mais l'un deux incarnera Eowyn temporairement.

ORDRE DU SCÉNARIO

Pas de panique : le scénario donne toutes les instructions pour gérer de manière simple le tour par tour. En principe les épisodes se suivent ainsi : 1, 3, 5, 2, 4 et 6.

CHANGEMENTS IMPORTANTS

- Merry porte un **équipement de Rohirrim**, Pippin une **livrée de garde de la citadelle**, mais leur Défense reste inchangée et ils conservent les **dagues des Nolodorims**. Comme d'habitude, les Hobbit ont des cailloux plein les poches...
- Aragorn vient de recevoir **Anduril**, l'épée Narsil reforgée ! Elrond est venu en personne jusqu'au Rohan la lui porter. L'arme d'Elendil repoussa autrefois Sauron. Au même titre que la **pierre elfique**, elle symbolise l'héritage d'Aragorn : le trône du Gondor. Le joueur reçoit la **carte OBJET : Anduril.**

Le plan ci-après peut être photocopié pour permettre aux joueurs de suivre la bataille.

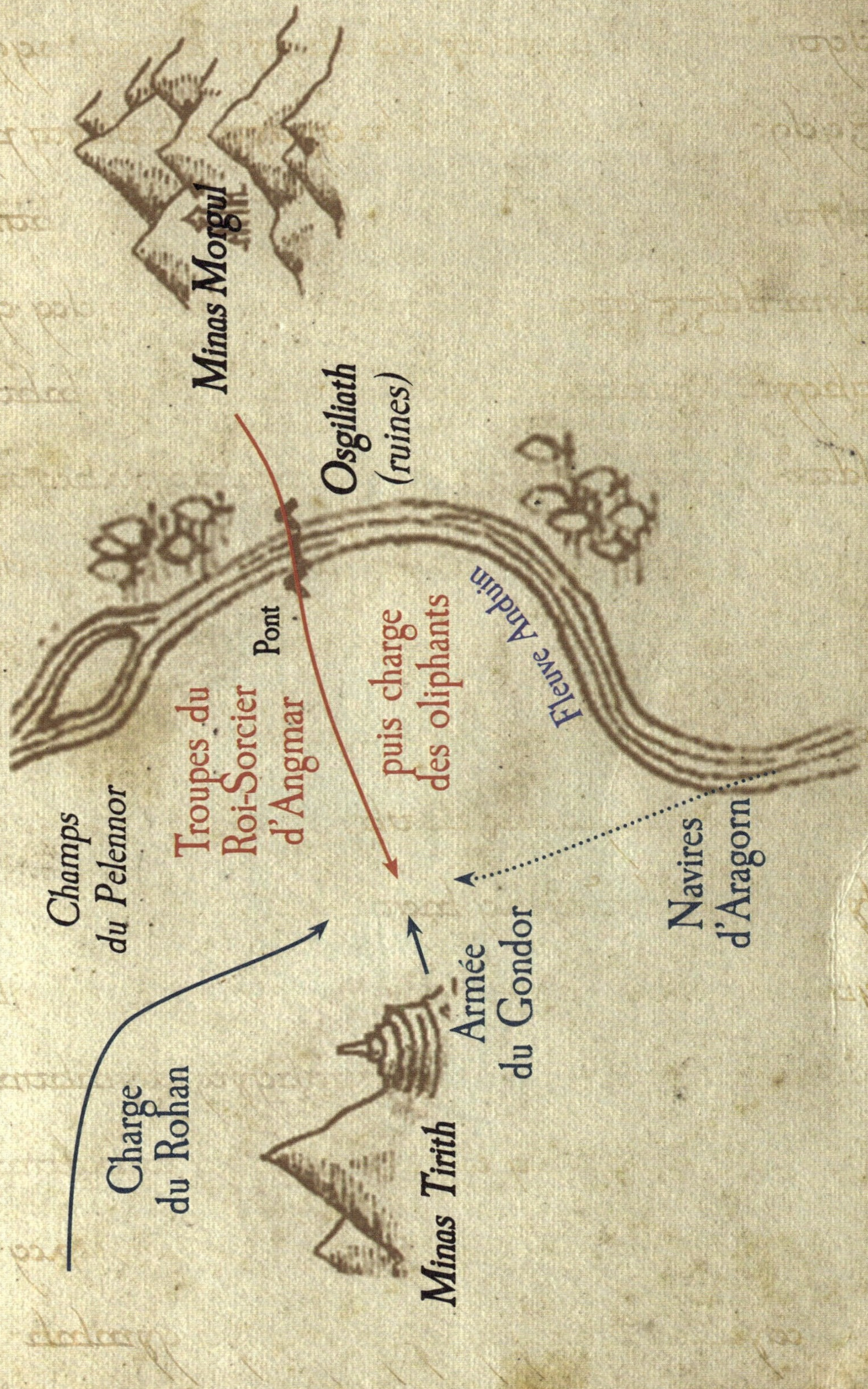

Prologue : Galadriel parle

Entendez ma voix ! Mon Miroir montre votre ancienne Communauté, dispersée dans le vaste monde. Pourtant vous n'êtes pas perdus... Car ma voix vous guidera, chacun à votre tour.

Toi, Pippin ! Ta curiosité a failli causer ta perte quand tu as plongé le regard dans le Palantir maudit... Le Magicien a été sage de te mener jusqu'à Minas Tirith, loin des griffes de Sauron. À l'abri derrière les remparts de la cité, tu es désormais garde au service du seigneur Denethor...

Vous, Gimli et Legolas ! Vous avez choisi de suivre sous terre le porteur de l'épée d'Elendil, là où les plus hardis serviteurs de l'Ennemi n'osent aller. Courage ou folie ? Car nul n'est jamais sorti vivant des Chemins des Morts...

Et toi enfin, Merry... Un courageux cavalier du Rohan t'a pris en croupe sur son coursier, quand le roi Théoden ne voulait pas t'emmener à la guerre. Sous son casque, tu as reconnu dame Eowyn... Femme et Hobbit, qui sait si bientôt, le sort du monde libre ne dépendra pas de vous !

Sur les remparts de Minas Tirith : Pippin et Gandalf

1. ALLUMEZ LE FEU

C'est la guerre ! Les forces du Mordor sont en mouvement.

Trois mille hommes : c'est tout ce que le seigneur Denethor a pu réunir pour défendre sa capitale, Minas Tirith. Depuis l'arrivée des maigres renforts, l'Intendant du Gondor est sombre. Il songe à la mort de son fils favori, Boromir... Hélas, tout ce qui reste de sa lignée, c'est son cadet. Faramir, un faible !

Vous deux, Pippin et Gandalf, vous vous tenez au pied de la Tour Blanche, la citadelle au sommet de Minas Tirith. Au pied des remparts de la ville s'étendent les Champs du Pelennor. Et tout là-bas, à l'horizon, vous distinguez les boucles du fleuve. Le pont d'Osgiliath est couronné de fumée, survolé par de sinistres ailes noires. Les Nazgûls... Leur chef, le Roi-Sorcier d'Angmar, pousse ses troupes. Si le pont tombe, les Orques pourront franchir le fleuve pour attaquer la cité !

Autour de vous sur les remparts, les soldats murmurent, mais se taisent dès qu'ils te voient, Gandalf. Derrière vous, la citadelle de l'Intendant est silencieuse.

Que faites-vous ?

Les forces en présence

Le **Gondor** est un royaume finissant, assiégé de toutes parts. Minas Tirith dispose d'un peu plus de trois mille hommes : l'armée renforcée à la hâte par des recrues trop jeunes ou trop âgées ; des renforts envoyés par des seigneurs du Gondor, dont une compagnie d'archers ; et des volontaires, montagnards ou pêcheurs de l'Anduin, fiers mais mal armés.

En face, le **Mordor** aligne des dizaines de milliers d'Orques. Les Trolls sont là, d'une race qui supporte le soleil. Cette armée est dotée de machines de sièges et d'artifices ingénieux. Des renforts sont attendus du Harad, une terre peu connue au sud où les constellations et les Hommes sont étranges. Des pirates qui sévissent près des Havres d'Umbar, doivent participer au pillage. Pour la stratégie, voir plus loin l'encadré ***Le Roi-Sorcier d'Angmar***.

La situation pourrait être pire : les Nains des Monts du Fer ont refusé une alliance proposée par Sauron contre un des Sept Anneaux. Les Mages Bleus, deux compères de Gandalf partis dans l'est lointain, ont évité que le Mordor recrute dans ces régions.

Informations réservées au MJ

Les PJ peuvent **entrer dans la citadelle de Denethor**, ou **s'approcher des soldats**.

L'entrée de la citadelle se trouve au dernier étage de Minas Tirith. Une arche antique s'ouvre au fond d'une place où est planté un arbre blanc, amené par Elendil quand il a fui l'île de Numénor pour fonder le Gondor. L'arbre est mort...

Les gardes vous laissent entrer dans la salle d'audience pleine d'échos. Sous un dais se dresse le trône abandonné depuis plus de neuf cents ans. À ses pieds, le siège de l'Intendant... vide. Une table montre encore les restes d'un repas.

Informations réservées au MJ

Si l'un des PJ distrait les gardes postés à l'entrée, l'autre peut fouiller :

- près de la table sont entassés des documents d'État, que l'Intendant a feuilletés en mangeant. Le PJ lance les dés (bonus **maître du savoir**) : une réussite *normale* livre le **mot de passe du jour**, *Mort-d'espoir* (aux PJ de le retenir). Une réussite *héroïque* permet aussi de lire quelques mots de la main tremblante de l'Intendant : « *Le Gondor va faillir... ai vu dans la Pierre... le Rohan a trahi... n'allumerai pas les feux qu'on croie... tous mourir...* »
- la salle ne contient rien d'autre. Une porte étroite cachée derrière un rideau donne sur les appartements royaux occupés par Denethor. Elle résiste au crochetage et Gandalf sent une vieille magie de Numénor qui bloquera le sort **manipulation**.

En sortant, les PJ remarquent à nouveau la nervosité des hommes sur les remparts.

Les soldats des remparts murmurent entre eux. Certains sont trop jeunes pour porter les armes et le casque ailé, d'autres trop âgés. Ils se taisent quand vous vous approchez, et ils font mine de regarder les fumées qui cachent le pont d'Osgiliath.

Informations réservées au MJ

Les hommes se méfient de Gandalf, car ils savent que Denethor n'apprécie pas ce porteur de mauvaises nouvelles. Les faire parler est une action *héroïque* pour le Magicien (sauf sort **intimidation**), *normale* pour Pippin qui porte la livrée de la citadelle, et même de difficulté *faible* si le Hobbit leur parle seul. **Réponses possibles selon les questions posées :**

- la troupe n'a pas vu Denethor depuis des jours.
- ses gardes racontent que certains soirs, il parle à une pierre rougeoyante – qui lui répond !
- les sergents s'étonnent de ne pas recevoir d'ordre...
- ... comme celui d'allumer les feux qui servent à appeler les alliés du Rohan.
- les feux d'alarme sont sur une haute tourelle au bout d'une passerelle.
- un vieux sergent nommé Beregond connaît bien cet endroit : vu son âge on ne lui impose pas la caserne, on lui accorde une chambrette fermant à clé... dont la fenêtre donne sur la base de la tourelle.

Il ne donnera pas la clé à Gandalf sans **intimidation**, ou à Pippin sans une réussite *héroïque*. Impossible de la lui voler, ou de trouver la chambre sans son aide.

Les PJ peuvent visiter la citadelle (ci-dessus) **ou aller vers la tourelle des feux d'alarme.**

Les feux d'alarme

Ce dispositif sert au Gondor et au Rohan à se prêter assistance mutuelle. Ce pis-aller remplace les Palantir, qu'on n'ose plus utiliser depuis que l'un d'eux était tombé aux mains de l'Ennemi. Bien que les feux soient une invention des Intendants, Denethor s'est refusé à s'en servir.

Le premier poste le long des Montagnes Blanches est le feu d'Amon Din. Côté Rohan, le dernier feu est celui de Calenhad Halifirien, près duquel est enterré Elendil, premier roi du Gondor et père d'Isildur.

La tour des feux d'alarme se trouve très haut, visible depuis les crêtes et les cimes en direction du Rohan. Cette partie de Minas Tirith domine le niveau des casernes et des chambres d'officiers.

La tourelle supporte un bûcher, prêt à être enflammé par deux hommes. On ne peut y accéder que par une étroite passerelle sans garde-fou, gardée par un soldat qui semble nerveux en vous voyant...

Informations réservées au MJ

La consigne est très stricte : Denethor défend tout accès ! Le sort **intimidation** écartera le garde à l'entrée de la passerelle, mais pas les deux qui se tiennent près du tas de bois. Au besoin, ils tirent l'épée.

Chaque SOLDAT DU ROHAN : Défense *normale*, 4 PV

Se rendent quand n'ont plus qu'1 PV.

Malus -1 pour les PJ s'ils combattent sur la passerelle.

Le mot de passe ***Mort-d'espoir*** permet de passer le premier garde mais ne convainc pas les deux préposés au bûcher, sauf à proposer un bon mensonge et réussir un test *héroïque*.

La clé de Beregond ouvre sa chambrette, dont la fenêtre donne sous la tour. Elle est trop étroite pour Gandalf. Pippin peut grimper et mettre le feu sans être remarqué : difficulté *héroïque* (bonus **discrétion**, bonus +1 si Gandalf distrait les hommes sur la passerelle, par exemple en allant donner le mot de passe). En cas d'échec, Pippin se blesse (–1 PV), réussit à mettre le feu mais est repéré ! À lui d'improviser pour fuir...

L'épisode 2 des aventures de Gandalf et Pippin viendra, mais en attendant, c'est au tour d'Aragorn, Gimli et Legolas ! Le Meneur se tourne vers ces joueurs pour leur épisode, le 3 (s'ils ne sont pas joués, vers Merry et Eowyn pour l'épisode 5). En cas de doute, relire l'encadré ORDRE DU SCÉNARIO.

2. La mort de Denethor

Faramir est mort ! Son cheval vient de ramener son corps depuis le pont d'Osgiliath. Sa troupe a résisté tout un jour et toute une nuit, en vain. Les Orques et les Nazgûls ont fini par franchir le fleuve.

Les combats font rage. Personne ne donne plus d'ordres : l'Intendant a disparu ! Vous deux, Gandalf et Pippin, vous avez vu les renforts du Rohan arriver enfin et charger. Les lances des Rohirrims ont tué des centaines d'Orques ; mais ils sont toujours des milliers ! Et maintenant, vous apercevez un nuage de poussière à l'horizon. Quelque chose arrive...

Un autre danger presse : les machines de guerre du Mordor viennent d'arriver à portée de tir. Leurs bras lancent avec fracas d'énormes quartiers de roc vers les remparts... et donc vers vous !

Vous allez être écrasés ! Que faites-vous ?

Informations réservées au MJ

Si les PJ **attendent de pied ferme**, leur position encaisse **trois tirs**. Les éviter est une action de difficulté *faible*, puis *normale*, et *héroïque* pour le dernier.

Sur un échec, les héros ne reçoivent pas directement l'énorme projectile mais des débris (–1 PV).

Le sort manipulation, ou le sacrifice d'1 XP, peuvent dévier un tir chacun.

Si les PJ veulent se mettre à l'abri, ils doivent préciser où.

Derrière vous, des arcades blanches. À votre gauche, une tour couronnée de ce qui ressemble à une grue en bois. À droite, les écuries royales.

Informations réservées au MJ

Les arcades n'offrent aucune protection contre les trois tirs. **La tour couronnée d'une catapulte** est particulièrement visée (malus -1). **Les écuries** offrent une protection (bonus +1) et Gandalf y retrouve Gripoil, le cheval qui l'a mené ici avec Pippin depuis le Rohan. Il peut le monter s'il le souhaite.

Ce n'est pas fini : les tirs n'étaient qu'une couverture pour permettre aux Trolls d'approcher les tours de siège ! L'une d'elle est sur le point d'arriver. Vous entendez souffler les monstres qui tirent et poussent les roues de l'engin. Les troupes du Gondor tirent flèche sur flèche dans les flancs de la tour, sans résultat. Que faites-vous ?

Informations réservées au MJ

Les PJ imitent les soldats : sans effet, même avec des projectiles enflammés. Le bois épais est couvert de peaux mouillées.

Les PJ lancent des pierres aux Trolls, ou ordonnent aux soldats de les viser : sur une réussite *normale*, la tour s'arrête à quelques pieds des remparts.

Gandalf utilise un sort contre la tour ou les Trolls : même effet sans lancer les dés.

Les PJ s'abritent ou fuient : la tour arrive aux remparts, impossible d'éviter le combat.

Dans tous les cas, la tour s'ouvre et un contingent d'Orques en surgit en hurlant !

GROUPE D'ASSAUT : Défense *normale*, 6 PV

Si la tour a été bloquée, certains Orques tombent en sautant, le groupe n'a alors que 4 PV.

La première vague d'assaut a été repoussée de justesse ! Des soigneurs des Maisons de Guérison, épuisés, vous pansent et vous donnent à boire (+1 PV).

Alors que vous essuyez vos lames souillées de sang noir, il vous semble entendre la voix de Denethor. Vous vous tournez à temps pour voir une silhouette disparaître sous une arcade, une torche à la main. Puis une colonne de garde approche. Leurs bras sont chargés de fagots et de jarres. Que se passe-t-il ?

Informations réservées au MJ

Denethor va au Mausolée, un dôme de pierre où reposent les Rois et les Intendants du Gondor.

Les gardes tirent l'épée si on les suit, sauf si les PJ le font discrètement (action *facile*, bonus **discrétion**). Au pire l'un d'eux reste en arrière pour combattre :

GARDE SANS ARME : Défense *normale*, 4 PV

Quand il lui reste 1 PV, il révèle la destination de Denethor avant de s'évanouir.

Faire parler les gardes de la citadelle : même difficulté que dans l'épisode 1.

Gandalf peut utiliser ses souvenirs des lieux, il est déjà venu souvent à Minas Tirith (action *normale*).

Vous comprenez tout. Quelle folie : plutôt que de défendre sa cité, l'Intendant Denethor a choisi de mettre fin à ses jours sur un bûcher... avec son fils Faramir ! Mais est-il bien mort ? La grande porte de fer du Mausolée n'est pas gardée, mais fermée de l'intérieur. Que faire ?

Informations réservées au MJ

Enfoncer la porte n'est pas possible pour les PJ, qui y laissent 1 PV. Il faudrait **détourner quelques soldats des combats des remparts** (action *héroïque* pour les convaincre, bonus +3 si Gandalf est monté sur Gripoil, ou si Pippin rappelle qu'il est garde de la citadelle, ou prétend avoir des ordres, réussite automatique avec le sort **intimidation**).

La magie peut servir : sort **manipulation** pour briser la porte, ou sort **appel de la nature** pour appeler Gripoil si les héros y pensent. Il enfoncera la porte de ses sabots (comme dans le film).

Pas de solution ? Un projectile opportun démolit la porte, mais blesse les deux héros (–1 PV).

Entre les tombes de marbre, Faramir a été déposé sur un bûcher de fagots par les gardes. Denethor se tient au-dessus de son fils, une torche dans une main, un objet rond dans l'autre. Un Palantir ! L'Intendant vous fixe, le regard plein de folie et d'orgueil.

« Vous ! Vous pouvez triompher pendant une journée. Mais contre le pouvoir du Mordor, il n'y a nulle victoire. Je l'ai vu dans la pierre. Gardes, mettez le feu à nos chairs ! »

Déjà la torche s'abaisse et le feu gronde. Avez-vous rêvé ? Faramir vient de bouger... Vite, que faites-vous ?

Informations réservées au MJ

Repousser Denethor est de difficulté *normale*, ou même *faible* avec un jet de pierre de Pippin, en faisant se cabrer Gripoil s'il est présent, ou en sautant sur le bûcher (mais alors perte d'1 PV). Le sort **illumination** réussit automatiquement en éblouissant Denethor.

Les gardes, surpris et choqués, peuvent éventuellement se retourner contre Denethor : le sort **intimidation** fonctionne automatiquement, sinon, il faut les convaincre de sauver Faramir (difficulté *héroïque*, +2 pour Pippin).

Dans tous les cas, Faramir est arraché de justesse au brasier, évanoui et au plus mal mais vivant, alors que les robes de Denethor prennent feu. Fou de douleur, il s'élance hors du Mausolée et se jette du haut des remparts. Ainsi chute (au sens propre) la maison des Intendants !

Comme indiqué dans l'encadré **ORDRE DU SCÉNARIO**, le MJ se tourne maintenant vers Aragorn, Gimli et Legolas pour l'épisode 4 (s'ils ne sont pas joués, vers Merry et Eowyn pour l'épisode 6).

Par les chemins des morts : Aragorn, Gimli et Legolas

Les Parjures

La Tour tremble... Les morts s'éveillent
Car l'heure est venue pour les parjures...
L'héritier de celui à qui il prêtèrent serment
Du nord, il viendra, la nécessité l'amènera.

La prophétie de Malbeth le Voyant rappelle que le Roi des Montagnes avait prêté serment au roi du Gondor de le rejoindre dans sa lutte contre Sauron. Mais il renia sa parole ! Isildur les maudit, leur souhaitant de ne trouver aucun repos avant l'accomplissement de leur serment... Depuis lors, une terreur sans nom hante leur royaume oublié.

3. Un sort pire que la mor...ia

Les feux d'alarme !

N'écoutant que son courage, le roi Théoden a honoré le vieux serment de fidélité qui unit le Rohan au Gondor. « En avant, mes Rohirrims ! » Tout homme en âge de monter en selle s'élance derrière leur roi.

Tous les hommes ? Non. Vous trois, comme le Palantir l'a prédit, votre destin vous appelle ailleurs : à travers les Chemins des Morts ! Un raccourci dangereux. Ce dédale traverse les Montagnes Blanches que les cavaliers vont contourner. Mais depuis des siècles, une terreur sans nom écarte les voyageurs. Et nul, pas même un Nain, n'en est jamais revenu vivant !

C'est pourquoi plus personne ne sait où s'ouvrent exactement les Chemins des Morts...

Informations réservées au MJ

Après s'être engagé dans une vallée sinistre, les PJ errent dans un labyrinthe de gorges et de ravins. Tous jettent les dés (bonus **pistage** ou **ami des roches**). Une réussite *héroïque* permet de localiser la bonne direction. Une réussite *normale* autorise une relance avec bonus +1. Sinon, les héros s'égarent et perdent tous 1 PV avant de trouver la porte.

Les crêtes de la Montagne Hantée cachent le soleil quand vous vous engagez dans le ravin. Entre des arbres morts et d'antiques pierres dressées, vous trouvez la Porte Ténébreuse... Des niches ont été creusées dans les montants pour y loger des crânes grimaçants. Le linteau est peint d'étranges signes qui ne ressemblent à rien de ce que vous connaissez.

Informations réservées au MJ

Si un PJ veut les déchiffrer, un jet *héroïque* permet de comprendre qu'il s'agit de hiéroglyphes imagés, et de deviner leur sens : « La voie est close. » Le personnage se rappelle alors des légendes (voir encadré **Les Parjures**).

Puis le MJ demande qui passe le premier...

Tu avances le premier. C'est comme d'entrer dans une gueule qui te hurlerait de t'enfuir ! La terreur des Morts est palpable dans l'air autour de toi. Dans le noir, tu trébuches soudain sur un objet coupant (tu perds 1 PV). C'est une torche de fer rouillée qui a échappé à la main d'un squelette...

Avec cette lumière brandie, vous distinguez tous les trois un large tunnel. Le sol est caché par la brume. Rien ne vous saute dessus, mais vous entendez des murmures... La fumée semble s'accrocher à vos jambes comme des mains spectrales. Vos pieds se posent sur des objets durs et froids : les os et les crânes des Morts ! Impossible de faire demi-tour, car vous sentez sur vos pas des ombres toujours plus nombreuses.

Votre course sous la montagne dure des heures. Enfin, la torche se reflète sur une lame brisée. Les os d'un homme vêtu de mailles reposent au pied d'une porte de pierre. Ses doigts sont encore crispés aux fentes... Que venait-il faire ici ? L'inconnu a gravé ceci avant de mourir...

Informations réservées au MJ

Le MJ tend aux joueurs la carte **ÉNIGME N°3**. Il faut lire en colonnes : LA VOIE EST... Si les PJ complètent CLOSE à voix haute, la porte reste fermée. S'ils complètent OUVERTE, logiquement la porte... s'ouvre !

Si les PJ mettent plus d'une minute à trouver, un spectre en armes se jette sur Aragorn !

SPECTRE : Défense *normale*, 3 PV

Seule l'épée Anduril blesse le Mort, les armes de Gimli et Legolas le traversent. Mieux vaut qu'ils déchiffrent le message pendant qu'Aragorn combat.

Si les PJ ne trouvent décidément pas, les Morts de plus en plus nombreux restent à bonne distance d'Anduril mais murmurent : « La voie, la voie est, la voie eeeeeest... », terrorisant les PJ (malus –1 pour leur prochaine action ou combat).

La porte de pierre s'ouvre enfin sur une vaste grotte ! Vous la claquez derrière vous, mais les Morts la traversent. Au centre de la caverne apparait un spectre plus grand que les autres, vêtu d'une robe royale en lambeaux. Une couronne pâle brille sur son crâne. Le Roi des Morts grimace un sourire : « La voie est close. » Ses soldats commencent à tirer leurs armes...

Vous espérez très, très fort que les armées de Théoden s'en sortent mieux que vous à cet instant !

Informations réservées au MJ

La suite des aventures d'Aragorn, Gimli et Legolas va venir, mais avant cela, c'est au tour de Merry et Eowyn ! Comme indiqué dans l'encadré **ORDRE DU SCÉNARIO**, le Meneur se tourne vers Merry et Eowyn pour l'épisode 5...

4. À L'ABORDAGE !

« On se battra ! » Le Roi des Morts a promis. Il s'en est fallu de peu... S'il n'avait pas reconnu l'épée d'Elendil, ses spectres n'auraient fait qu'une bouchée de vous !

Enfin, les Chemins des Morts débouchent de l'autre côté des montagnes, au bord du fleuve Anduin. Respirer à nouveau l'air pur sous le soleil des vivants vous fait du bien (vous regagnez 1 PV).

Il n'y a pas âme qui vive à perte de vue, car personne ne veut vivre si près du lieu maudit. Les eaux du fleuve sont désertes. Minas Tirith est loin en amont. Que faites-vous ?

Informations réservées au MJ

Franchir le fleuve est impossible, il est large et plein de courants.

Monter sur une hauteur est difficile, le flanc de la montagne est une vraie falaise : action *héroïque* (bonus **acrobatie**), une chute coûte 1 PV. Réussir permet de voir une dizaine de voiles en aval.

Si Aragorn appelle les Morts, ils ne viennent pas, mais on entend un ricanement d'outre-tombe et ce conseil : « Tu parles dans le vent. Cherche plutôt les forbans ! »

Que les PJ suivent le fleuve vers l'amont, l'aval ou restent sur place, ils aperçoivent un homme à la figure torve qui court vers eux depuis l'aval. C'est un éclaireur de la flotte pirate. Dès qu'il voit les PJ, il dégaine son sabre dentelé et se jette derrière un rocher ; il cherche frénétiquement un objet dans ses poches.

ÉCLAIREUR : Défense *normale*, 5 PV

Il lui faut un assaut pour retrouver un feu d'artifice, plus un assaut pour l'allumer afin de prévenir la flotte. Il faut un assaut pour l'interpeler, le rejoindre ou lui lancer une flèche (malus -1 s'il est derrière son rocher). Si les PJ ne précisent pas qu'ils frappent/tirent pour l'empêcher de tirer sa fusée, l'éclaireur utilise son premier assaut de combat pour l'allumer. Au moment de mourir, l'éclaireur gargouille : « Le Cap'tain vous tranchera la gorge pour ça ! Il étripera tout l'monde d'ici jusqu'à Minas Tirith ! »

La flotte pirate arrive ensuite.

Sur le fleuve apparait une dizaine de navires bas sur l'eau. Leurs voiles sont couleur sang et peintes d'affreux crânes noirs. Les ponts armés de balistes sont couverts de gredins armés jusqu'aux dents, qu'ils ont taillées en pointes. On dit qu'il n'y a qu'une chose qui effraie autant les pêcheurs que les Morts : les pirates d'Umbar !

Que faites-vous ?

Informations réservées au MJ

Si l'éclaireur a pu tirer sa fusée, les pirates sont aux aguets, balistes chargées. Dès que les PJ sont en vue, ils tirent un carreau par PJ. L'éviter est une action *héroïque*, perte d'1 PV si échec. **Sinon, les pirates sont surpris** et se précipitent pour charger.

Après cela, le Cap'tain fixe Aragorn d'un air insolent. Si les PJ ne l'interpellent pas, le Cap'tain le fait. Il les insulte et veut savoir qui ils sont ; son but est de les prendre comme rameurs esclaves et de s'emparer de cette épée si brillante...

C'est le moment d'appeler les Morts. Si Aragorn ne le fait pas, un carreau de baliste vise chaque PJ (l'éviter est une action *héroïque*) après quoi **les Morts interviennent** d'eux-mêmes contre les pirates.

Les légions des Morts surgissent soudain de la falaise, si pressés d'attaquer qu'ils vous traversent et vous glacent jusqu'aux os ! Ils se répandent sur l'eau comme une brume mortelle. Les navires disparaissent derrière un voile de brume, qui étouffent les échos de coups, de cris et de râles d'agonie.

Puis la fumée grise semble comme aspirée dans les cales. Poussés par le vent, la flotte fantôme file droit devant sans vous attendre !

Que faire ?

Informations réservées au MJ

Les héros ont l'impression que des mains invisibles tiennent la barre et orientent les voiles...

Appeler les Morts ne sert à rien, sauf à entendre (encore) le ricanement sépulcral de leur roi.

Nager ou **courir après la flotte** est possible (–1 PV d'épuisement) mais les navires se maintiennent toujours en avant et au milieu du fleuve.

Les PJ doivent improviser, par exemple tirer à l'arc pour trancher les cordages des voiles, ou pour faire tomber l'ancre (action *héroïque*, bonus **tir à l'arc**, deux essais) : le navire de tête dévie et plante sa proue dans le rivage, bloquant les autres. Ou, avec la hache de Gimli, abattre très vite un arbre voisin de l'eau qui tombera devant la proue (action *héroïque*, bonus **combat à la hache**, deux essais).

Si les PJ n'ont aucune idée, signalez-leur que plus loin, le fleuve se resserre en passant entre des falaises étroites qui dominent les bateaux. Ils peuvent grimper sur la falaise, puis sauter, une action *normale* puis *héroïque* (bonus **acrobatie** pour les deux), chaque échec coûtant 1 PV. Un échec au deuxième jet permet quand même de s'écrouler sur le pont.

Vous vous tenez sur le pont. Un rire familier éclate derrière vous. Le Roi des Morts redevient visible, la barre du gouvernail entre ses mains squelettiques.

« Bravo, mortels ! Vous avez prouvé être dignes – car nous ne plions pas devant le premier porteur d'épée venu ! À vos postes, mes Morts ! Cap sur Minas Tirith ! »

Informations réservées au MJ

Enfin, comme l'indique l'encadré **ORDRE DU SCÉNARIO**, le MJ passe à l'épisode 6 avec Merry et Eowyn pour clore la partie.

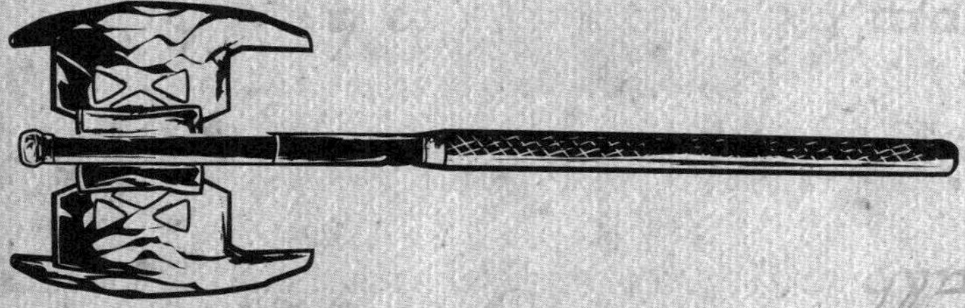

Le Rohan répondra ! Merry et Eowyn

5. Chargez !

Quelle chevauchée ! Théoden vous a défendu de le suivre, mais vous avez rusé. Toi, Eowyn, remercie ton casque d'avoir caché ton visage. Et toi, Merry, par bonheur personne ne t'a vu, dissimulé par la cape de la cavalière. Tu as bourré tes poches de cailloux à lancer.

Le jour se lève quand les Rohirrims arrivent devant Minas Tirith. Les Champs du Pelennor sont noirs de toutes les troupes massées par le Mordor. Leurs rangs serrés sont dominés par les monstrueuses tours de sièges tirées par les Trolls !

Sans peur, Théoden galope devant la première ligne et entrechoque sa lame sur les lances de ses soldats : « Les hommes, au galop ! À la ruine, et À LA FIN DU MONDE ! » Surpris par votre arrivée, les Orques tentent de reformer les rangs.

« À LA CHARGE ! » crie le roi. Votre cheval s'élance...

Informations réservées au MJ

D'abord, les PJ essuieront trois volées de flèches. Le MJ leur demande comment ils comptent esquiver. **S'ils tentent de fuir ou de se jeter à l'abri,** ils essuient les coups d'alliés furieux (perte d'1 PV chacun) et doivent charger. **S'ils foncent tout droit,** les toucher est une action de difficulté *faible*. **S'ils tentent n'importe quelle manœuvre,** les toucher est *normal*. Le Meneur lance les dés trois fois. Si une flèche touche, le MJ fait lancer un seul dé :

1 : la flèche rebondit.

2-3 : Merry perd 1 PV.

4-5 : Eowyn perd 1 PV.

6 : le cheval est abattu, la chute coûte 1 PV aux deux héros.

Ensuite, le corps à corps ! Les PJ affrontent ensemble un groupe d'Orques. Bonus +1 s'ils sont toujours en selle.

GROUPE D'ORQUES : Défense *normale*, 5 PV

Si les Orques tirent un 12, le cheval est touché et tombe (les PJ perdent 1 PV).

Le plus grand des Orques s'écroule sous vos coups, crachant le sang, et la troupe se débande !

Informations réservées au MJ

Les PJ récupèrent si nécessaire un cheval sur le champ de bataille. Pas le temps de recourir aux **soins**, mais les provisions dans les fontes rendent immédiatement 1 PV.

Vous regardez autour de vous. La charge du Rohan a enfoncé les lignes, mais les troupes du chaos sont bien trop nombreuses ! Les cavaliers sabrent de gauche et de droite, mais chaque fois qu'un Orque tombe, un autre prend sa place...

Votre cheval piaffe. Devant vous se dresse une tour de siège couverte d'archers. À gauche, des Orques détalent vers le fleuve. À droite, les troupes s'agglutinent au pied des remparts de Minas Tirith. Impossible de voir où est Théoden...

Que faites-vous ?

Informations réservées au MJ

Attaquer la tour de siège : les héros encaissent une seule volée qu'ils tentent d'esquiver (voir ci-dessus) puis se trouvent face à un Troll d'attelage, épuisé et lardé de flèches.

TROLL BLESSÉ : Défense *héroïque*, 3 PV

Poursuivre les fuyards vers le fleuve : Merry a le temps de lancer deux fois ses pierres avant d'arriver au contact avec les orques.

GROUPE D'ORQUES ÉPUISÉS : Défense *faible*, 3 PV

Attaquer les troupes au pied de Minas Tirith : idem mais Défense *normale*.

Victoire ! Vous vous abritez un court instant pour souffler. Mais que se passe-t-il ? Du côté du fleuve, un nuage sombre est apparu. De la brume, ou bien la poussière d'une troupe en marche. Des renforts arrivent ! Votre gorge se serre : des renforts, oui mais... pour quel camp ?

UNE PAUSE S'IMPOSE !

Sur ce suspense intenable, c'est le moment de laisser souffler les joueurs, car c'est le milieu du scénario.

Après quoi, comme indiqué dans l'encadré **ORDRE DU SCÉNARIO**, le MJ se tourne à nouveau vers Pippin et Gandalf pour l'épisode **2**...

6. QUE LA PROPHÉTIE S'ACCOMPLISSE !

Des renforts viennent du côté du fleuve ! Les vôtres... ou ceux de l'ennemi ? Le voile de poussière retombe. Des animaux gigantesques viennent de franchir l'eau et se déploient en ligne de bataille ! Hauts comme des collines, ils ébranlent le sol de leurs quatre pattes et balayent le champ de bataille avec leur trompe grise.

Les montures des Rohirrims se cabrent, aussi effrayées que leurs cavaliers. Théoden lève haut son épée et crie :

« Les Oliphants ! Chargez les Oliphants ! »

Au moment où les Rohirrims s'élancent, des hommes couverts de tatouages du Harad se dressent sur les dos des monstres et tirent flèche sur flèche !

Que faites-vous ?

Informations réservées au MJ

Si les PJ sont à cheval, ou pensent à en récupérer un : bonus +1 pour affronter les Oliphants puis le Roi-Sorcier (attention, sitôt la première action des PJ annoncée, les chevaux sans maître se dispersent, effrayés par les Oliphants : impossible d'en récupérer un).

Comment attaquer un Oliphant ? Chaque PJ propose une action différente, soit deux attaques successives (à cheval, l'un tient les rênes l'autre frappe ou vise).

Avec une lance arrachée au sol, ou les projectiles de Merry : aucun effet sur les bêtes même en visant tête ou pattes. Viser le cornac qui guide l'animal est de difficulté *héroïque* pour le PJ qui vise.

Passer sous l'animal pour viser son ventre : difficulté *normale* pour mener le cheval entre les pattes (un échec signifie être projeté à terre sans cheval ni pouvoir agir, -1 PV). Puis difficulté *normale* pour le tireur.

Passer sous l'animal pour couper ses tendons avec une lame : difficulté *normale* pour mener le cheval entre les pattes (un échec signifie être projeté à terre sans cheval ni pouvoir agir, -1 PV). Puis difficulté *normale* pour celui qui tient l'épée ou la dague.

Si les deux attaques réussissent, l'Oliphant est hors de combat et tombe comme une masse, écrasant ses propres maîtres. **Sinon, l'ennemi riposte !** Le MJ lance un dé sans bonus :

1-2 : chaque PJ est visé d'une flèche (jets contre la Défense de chacun, –1 PV).

3-4 : un coup de trompe barbelée (action *héroïque* pour esquiver, sinon -1 PV chacun, cheval tué si les PJ sont en selle).

5-6 : piétinés par les pattes (-1 PV chacun, cheval tué).

Et puis...

Le Roi-Sorcier d'Angmar

Il y a deux mille ans, c'était le souverain du royaume d'Angmar, au nord des Monts Brumeux. Il pratiquait la magie noire et accepta un Anneau offert par Sauron... Le Roi-Sorcier a affronté le Gondor et tué le dernier roi en titre, Eärnur. L'Elfe Glorfindel (que les héros auraient pu croiser à Fondcombe) a alors prophétisé qu'il ne mourrait « pas de la main d'un homme... »

Devenu un spectre soumis à l'Anneau Unique, il a délaissé son royaume désert pour devenir un lieutenant du Mordor. Il se terre désormais dans la tour de Minas Morgul, qui fait face à Minas Tirith sur l'autre rive du fleuve Anduin. Entre les deux, le pont d'Osgiliath est la clé pour faire passer les troupes de Sauron au Gondor...

Une horrible créature ailée plane au-dessus de la bataille. Son cri glace de peur les hommes les plus courageux... Sur son dos, un géant au casque de fer. C'est le plus cruel des Nazgûls, le Roi-Sorcier d'Angmar ! Les troupes de Sauron reprennent déjà courage...

Soudain, une rumeur s'élève du côté du fleuve. Des voiles cramoisies viennent d'apparaître. Les pirates d'Umbar ? Un homme se tient à la proue, armée d'une épée brillante. C'est... mais oui, c'est Aragorn ! Il lève l'épée, et des légions fantômes surgissent des cales pour se jeter sur les Orques, les engins de guerre et les Oliphants... C'est la déroute !

Vous vous tournez vers Théoden pour crier victoire, mais le roi est à terre, arraché de son cheval par le Roi-Sorcier ! Le Nazgûl triomphe déjà et flatte sa monture ailée : « Régale-toi de sa chair, mon mignon... »

Théoden est en danger de mort ! Que faites-vous ?

Informations réservées au MJ

Si les héros ont été blessés plusieurs fois, le MJ peut annoncer que l'adrénaline leur rend 1 PV.

Il faut d'abord tuer la...

CRÉATURE AILÉE : Défense *normale*, 5 PV

Cette abomination est issue de patients et affreux mélanges opérés par Sauron. Elle reprend des forces en se nourrissant de la souffrance et des cris : **la créature récupère 1 PV chaque fois que les héros en perdent 1 !** Elle est tuée net si on lui **tranche le cou**, en obtenant 11-12 en frappant (en tenant compte des bonus inclus).

Ensuite seulement, les héros affrontent le Roi-Sorcier d'Angmar...

ROI-SORCIER D'ANGMAR : Défense *héroïque*, 10 PV

Le premier coup qu'il porte avec succès à un PJ le désarme sans le blesser (il faudra donc utiliser un Assaut à ramasser l'arme, ou combattre à mains nues : malus –1), **le second lui casse le bras** avec sa lourde masse (que l'arme ait été ramassée ou non. Perte d'1 PV et malus –2 pour combattre).

Comme le dit la prophétie, le Roi-Sorcier ne peut mourir de la main d'un Homme, avec ou sans majuscule. L'arme qui frappe le Roi-Sorcier se tord et se consume, la main qui le tenait subit une malédiction (mêmes conséquences qu'un bras cassé). Il doit être **frappé deux fois successivement, une fois par Eowyn (une femme) et une fois par Pippin (un Hobbit)** ; si l'un des deux PJ échoue en frappant, il faut recommencer, car les deux coups doivent être successifs. **Les termes prophétiques se retournent alors contre le Roi-Sorcier,** qui retourne au néant d'horrible manière...

Place alors à l'**Épilogue**.

Épilogue : Galadriel parle

Au fond de la forêt de la Lorien, moi, Galadriel, j'ai assisté à votre victoire sur les Champs du Pelennor ! Aujourd'hui Sauron n'a pas été défait par l'alliance des Hommes et des Elfes comme du temps d'Elendil, mais par celle des Hommes et des Morts, des Nains et des Elfes – et même des Hobbits et des femmes !

Savourez ce succès ! Vous avez vaincu des forces immenses alors que tout semblait perdu. Mais n'oubliez pas... remporter une bataille n'est pas remporter la guerre. Contre le pouvoir de l'Anneau, il ne saurait y avoir de victoire... Si le pouvoir du Mordor doit tomber, ce ne sera pas sous vos épées, mais grâce à deux Hobbits et leur étrange compagnon...

Allons ! Si vous espérez les aider, pansez vos plaies, séchez vos larmes, et rendez-vous à la Porte Noire du Mordor !

N'oubliez pas de distribuer les XP aux joueurs !

Scénario 4

LES CHEMINS DU MORDOR

ATTENTION, seul le MJ doit consulter ce scénario !

Après la bataille pour Minas Tirith, le Meneur a accompagné ses joueurs sur trois fronts. Pour ce dernier scénario, les PJ sont cette fois répartis en deux groupes seulement.

D'un côté, **Frodon** et **Sam** accompagnés du PNJ Gollum, vont devoir pénétrer dans le Mordor (épisodes 1 et 2) et le traverser jusqu'à la Montagne du Destin (épisodes 3 et 4).

De l'autre, **tous les autres héros** vont assembler leurs forces (épisode 5) pour aller batailler à la Porte Noire (épisodes 6 et 7).

Avec 2 joueurs : ils incarnent Frodon et Sam. Seuls les épisodes **1** à **4** sont joués.
Avec 3 joueurs : le troisième joueur assume son rôle et éventuellement celui d'autres héros dans les épisodes **5** à **7**.
Avec 4 à 6 joueurs : chacun joue le rôle qu'il a choisi, tous les épisodes sont joués.

ORDRE DU SCÉNARIO

En principe les épisodes se suivent ainsi : 1, 5, 2, 6, 3, 7 et 4.
Avec deux joueurs, ne jouer que les épisodes qui concernent Frodon, Sam et Gollum : 1, 2, 3 et 4.

QUESTION D'EXPÉRIENCE

Frodon et Sam n'ont pas eu autant d'occasions de gagner des XP que les autres héros. En compensation, le MJ cède à Frodon et Sam les XP qui restent à Merry et Pippin.

Ce scénario étant le dernier, le MJ autorise les joueurs à troquer leurs points d'expérience en cours de partie contre une amélioration, et non plus à la fin.

Prologue : Galadriel parle

Une grande bataille a été remportée, mais quelle sera l'issue de la guerre ? Tant de choses sont en jeu, et si fragile est l'équilibre !

Moi, Galadriel, je vois deux Hobbits perdus, cheminant seul... Non, pas seuls : un étrange petit être les suit... Il les attaque, mais voilà que Dard le repousse... Et Gollum, dompté, prête serment sur l'Anneau Unique... Il servira le maître du Précieux ! Reste-t-il quelque chose de bon dans cet esprit brisé ? Frodon le croit... Mais Sam Gamegie, lui, a des doutes !

Loin à l'ouest, je vois les restes d'une grande armée. Les murs de Minas Tirith sont noirs de fumée... la victoire a été payée d'un prix élevé. Les hommes doutent. Accepteront-ils de se rassembler autour de l'épée reforgée de l'héritier d'Isildur ? Car le Gondor a encore un coup à jouer dans cette guerre...

Frodon et Sam

1. Les Marais des Morts

Un ciel de plomb où le soleil ne prend plus la peine d'apparaître. De l'eau croupie à perte de vue, couverte de brume. Dans vos narines, la puanteur des choses anciennes et pourries. Voilà les Marais des Morts !

Et si ce n'était que ça ! Mais il faut encore subir les jérémiades et les bruits de gorge de votre nouveau compagnon. La misérable créature vous guide à travers ce bourbier, en direction du Mordor... À moins qu'il ne tente de vous perdre pour mieux voler l'Anneau...

– Sméagol a promis ! Le chemin du Mordor, on va trouver. *Gollum !* Sméagol, très heureux de vous aider. Très heureux !

Et Gollum, ou Sméagol comme il se nomme lui-même, gambade comme un chien sur une piste. Il s'éloigne et vous voyez un instant ses yeux globuleux briller à travers le brouillard... puis plus rien. Où est-il ?

Informations réservées au MJ

Si les Hobbits appellent, ils n'entendent que des échos déformés.

S'ils scrutent ou écoutent : entendre un *plouf* ou voir l'éclat des yeux de Gollum est une action *héroïque* (bonus **sens pratique**, +1 s'ils ont appelé avant, +2 en brandissant la **fiole de Galadriel**). Un PJ qui rate deux fois trébuche sur une racine (–1 PV). Gollum est retrouvé en train de se régaler d'un poisson cru : ventre affamé n'a point d'oreilles !

S'ils marchent ou courent, même jets que pour scruter ou écouter (sans bonus).

Traverser les Marais des Morts sans repère, pas même les étoiles, semble impossible. Vous tournez peut-être en rond depuis des heures ! Pour ne rien arranger, l'Anneau pèse plus lourd à chaque pas en direction du Mordor. De petites lueurs sont apparues dans la brume. Les chandelles des Morts...

Gollum s'arrête soudain.

– Où est le chemin, mon trésor ? On l'a perdu... *Gollum, gollum !*

Comment vous orienter vers l'est ?

Informations réservées au MJ

L'Anneau pèse plus lourd en s'approchant du Mordor... donc vers l'est !

Dard brille d'un faible éclat quand on la pointe vers l'ouest, vers les armées d'Orques qui attaquent Minas Tirith. Si les PJ suivent cette direction, ils s'aperçoivent qu'ils sont revenus sur leurs pas et perdent 1 PV d'épuisement. Il faut suivre la direction inverse, l'est.

Avancer au hasard, ou suivre les chandelles des Morts, demande que le groupe réussisse deux jets *héroïques* successifs (bonus **sens pratique**, +1 avec la **fiole de Galadriel**, aucun bonus en suivant les chandelles). Deux échecs successifs font trébucher un des Hobbits (au choix du Meneur) qui tombe dans l'eau... et coule parmi les Morts !

Tu tombes les mains en avant, la bouche grande ouverte ! L'eau se referme sur toi et tu n'entends plus rien. Comme à travers une vitre sale, tu aperçois des faces blanches au fond du marais : des Hommes, des Elfes et des Orques aux cheveux mêlés d'algues... morts ! Tu te débats mais une force invincible t'attire au fond. Que font tes compagnons ?

Informations réservées au MJ

Repêcher un PJ qui coule est une action *normale*, mais à chaque tentative, le PJ qui se noie et celui qui a plongé perdent automatiquement 1 PV, car les Morts aspirent leur vie.

Jeter la corde elfique de Sam est une action *normale* et ne coûte aucun PV au sauveteur.

Au besoin, Gollum se jette à l'eau.

Enfin ! Vous atteignez la lisière du bourbier. Vous tombez à terre, épuisés. À l'horizon, vers l'est, vous distinguez une chaîne de pics noirs : les Monts de l'Ombre ! Ce rempart formidable protège la frontière du Mordor. Le franchir ne sera pas une mince affaire...

Informations réservées au MJ

Le premier épisode des aventures de Frodon et Sam prend fin, c'est au tour des autres PJ ! Le Meneur se tourne vers eux pour l'épisode 5 (si ces personnages ne sont pas présents, il passe directement à l'épisode 2). En cas de doute, relire l'encadré **ORDRE DU SCÉNARIO.**

2. À la Croisée des Chemins

Depuis combien de temps marchez-vous ? Le soleil traverse rarement le voile gris des nuages. Gollum maugrée et supplie. Mais bon gré, mal gré, il vous a guidé jusqu'à un carrefour de deux vieilles voies pavées, datant de la splendeur du Gondor. Une statue d'un roi de jadis se dresse encore là, couronné de fleurs grimpantes. Présage d'espoir ?

Les voies sont orientées selon les points cardinaux. Vous êtes arrivé par l'ouest.

Informations réservées au MJ

Les PJ peuvent bivouaquer ici. La statue regarde vers Minas Morgul à l'est.

Si le scénario est joué tour par tour, Gollum suggère rapidement l'est, afin de ne pas trop faire attendre l'autre groupe de PJ.

L'épée **Dard** s'éclaire faiblement dans toutes les directions...

Si les PJ interrogent le PNJ Gollum :

« Où est l'entrée du Mordor ? » Il sourit et indique le nord, vers la Porte Noire.

« Tu as été au Mordor ? » ou « Tu es déjà passé ici ? » Il fait oui de la tête et sautille.

« Par où es-tu passé en allant au Mordor ? » Il indique le nord du doigt et jette un coup d'œil vers l'est. Il a en effet essayé les deux chemins.

« Où nous conseilles-tu d'aller ? » Sensible à cette marque de confiance, Gollum désigne l'est et explique que la Porte Noire, au nord, est gardée par les Orques.

Vous marchez vers le nord. Le chemin pavé serpente entre des collines rocheuses. La marche est épuisante (-1 PV). Enfin, vous apercevez une faille dans les Monts de l'Ombre. Un rempart hideux est percé d'une porte de fer noire hérissée de crocs aigus. Rien ne bouge, mais des yeux veillent ! Des formes ailées tournoient haut dans le ciel... L'espace devant la porte est nu, impossible de s'y cacher... Le piège parfait !

Informations réservées au MJ

Si les PJ ne font pas demi-tour, ils doivent *tous* réussir un test *héroïque* (bonus **discrétion**) pour éviter une patrouille de trois Orques. L'un attaque Gollum (inutile de lancer les dés), les deux autres les Hobbits.

Chaque ORQUE PATROUILLEUR : Défense *normale*, 4 PV

En fin de combat, l'adversaire de Gollum s'échappe en criant. Les PJ ont deux Assauts pour l'arrêter d'un jet de pierre avant qu'il disparaisse. Sans quoi, un Nazgul alerté se met à survoler la région et ils doivent se cacher. Les cris de sa monture ébranlent leurs nerfs (malus -1 pour la prochaine action de Frodon, qui sent sa blessure le lancer). Il faut revenir au carrefour.

Vous marchez vers le sud. La route pavée traverse une plaine de sable, qui rend la marche pénible (–1 PV). Soudain, vous apercevez une masse à l'horizon, comme une grise colline qui marche. Un Oliphant des vieilles chansons ! Il faut faire demi-tour avant que les Harradrims montés sur son dos vous voient...

Vers l'est, le chemin vous rapproche des Monts de l'Ombre. Le soleil est sur le point de se coucher derrière le sommet d'un édifice menaçant : Minas Morgul ! Gollum frissonne.

« Vieille forteresse, très vieille, très horrible ! Quand Sméagol jeune, il a entendu parler de la Tour de la Lune faite par le roi venu des mers. *Gollum !* Maintenant, la tour de Morgul est à l'œil... »

Devant Minas Morgul, deux gargouilles semblent veiller avec leurs yeux de pierre. Le chemin passe près d'eux et se termine au pied de la montagne, près de marches grossières.

« Vite ! Nous l'avons trouvé, les Hobbits... L'escalier secret pour le Mordor... Chut ! »

Informations réservées au MJ

Les gargouilles sont des Veilleurs. Les PJ doivent tous réussir un test *héroïque* (bonus **discrétion**, malus –1 si les PJ ont croisé une patrouille) sans quoi les statues appellent un Nazgûl qui tourne dans les airs sans les trouver (la peur cause un malus –1 à la prochaine action de Sam, –2 pour Frodon).

Après le départ du Nazgûl, les PJ grimpent. Ils peuvent bivouaquer sur une corniche avant d'entamer le plus dur. Frodon, épuisé, ne peut veiller. Si Sam veille, il ne récupère aucun PV. Sans cela, à leur réveil leurs sacs ont été retournés : la nourriture et tout ce qui permet d'utiliser la compétence **soin** ont disparu ! (compétence affectée d'un malus –1 pour soigner). Gollum s'agace et gémit si on l'accuse.

L'escalade est interminable. Est-ce la fatigue, le poids de l'Anneau ? Ou la voix hypnotique de Gollum ? Vous avez l'impression que la paroi tente de vous écorcher au passage, que les marches se dérobent sous vos orteils... Avec un craquement, des pierres tombent soudain !

Informations réservées au MJ

Frodon lance deux dés (relance si double) et Sam un seul (en raison de son **sens de la terre**). Le MJ lance deux dés pour savoir où les pierres tombent. Si la position coïncide, –1 PV !

Gravir cet escalier ressemble à un cauchemar sans fin. Des heures après, la dernière marche donne sur la bouche d'ombre d'une caverne. Gollum exulte.

« Le maître doit entrer dans le tunnel... *Gollum !* C'est le seul chemin. Allez-y, allez-y ! »

Comment reculer ? Dans le tunnel, des petits objets blancs qui craquent sous vos pieds... Des os d'Orques ! Il fait noir, si noir... C'est alors qu'une forme encore plus sombre que l'obscurité apparaît, portée sur huit pattes – alors que ce sale petit mouchard de Gollum, lui, a disparu !

Informations réservées au MJ

L'araignée géante s'acharne sur Frodon, alors que Gollum surgit derrière Sam et l'attaque (voir sa fiche de PNJ). L'obscurité donne un malus de –2, sauf si **la fiole de Galadriel** est utilisée.

ARACHNE : Défense *héroïque*, immortelle

Arachne ne peut être blessée que par Dard. Mais la **fiole de Galadriel** rend sa défense *normale*. **Dès qu'elle a porté deux coups successifs à Frodon** (sans échec), elle le pique et il s'effondre ; la fiole s'éteint puisqu'il ne la tient plus.

Gollum disparaît alors et Arachne attaque Sam. Elle n'a plus de venin. Au premier coup, il voit que son arme ne perce pas l'épaisse carapace. Ramasser la fiole et/ou Dard prend un Assaut. Il doit réussir à lui porter deux coups *successifs* (trois, si le MJ préfère). Agacée, Arachne se jette alors sur lui de tout son poids et s'empale elle-même sur sa lame ! Elle s'enfuit en sifflant.

Ce sale petit puant de Gollum a disparu. Il a réussi son coup ! La grosse araignée s'est carapatée, elle aussi. Pauvre vieux Sam, te voilà seul... Il ne te reste que tes yeux pour pleurer. Tu ne retiens pas, d'ailleurs. Le pauvre m'sieur Frodon est étendu raide sur le sol, à moitié entortillé de fils blancs. Ses joues froides comme la mort, tu le sens quand tu l'embrasses avant de récupérer l'Anneau...

Informations réservées au MJ

L'équipement de Frodon passe à Sam, **sauf la cotte de mithril** engluée de fils.

Comme dirait ton vieux, un fardeau c'est un fardeau. Alors maintenant, c'est ta mission. Impossible d'enterrer m'sieur Frodon dans la roche dure, et puis il y a plus urgent. Tu te détournes, vers l'autre bout du tunnel, vers l'inconnu... vers le Mordor !

Informations réservées au MJ

C'est au tour d'Aragorn, Gandalf, Gimli et Legolas de jouer l'épisode 6 (s'ils ne sont pas joués, le MJ passe directement à l'épisode 3).

3. La Tour de Cirith Ungol

Informations réservées au MJ

Le MJ s'adresse d'abord à Frodon seul.

Il fait noir. Il fait froid. Une chanson te résonne dans les oreilles. La voix de Sméagol :

Vilain petit moucheron, pourquoi es-tu si grognon ?

Dans la toile empoisonnée, bientôt tu seras... mangé.

Impossible de bouger. Tu as la nausée. Le venin de l'araignée... Des mains passent sur ton corps. On te transporte... Des heures passent avant que la vue te revienne. Autour de toi, des murs. Et les voix de deux Orques qui se rapprochent... Tu as les mains liées par des cordes. Vite ! Que fais-tu ?

Informations réservées au MJ

En tâtant, Frodon s'aperçoit qu'il n'a plus sa cotte de mithril... Ni l'Anneau !

Se libérer par la force est *héroïque* (bonus +1 en frottant sur le sol).

En cherchant des yeux, Frodon repère un débris de lame d'Orque à l'autre bout de la pièce. Rouler jusque là et trancher la corde à temps est une action *normale.* La lame sert d'arme de fortune quand les Orques arrivent. Il les entend parler, puis ils entrent et l'attaquent.

Frodon peut faire le mort avec ou sans ses liens. Il entend alors la conversation.

GORBAG, ***glapissant*** : Ouais, on l'a r'trouvé juste avant qu'elle l'mange !

SHAGRAT, *voix grave* : Cause moins, petit Orque, montre-moi plutôt c'que t'as trouvé sur lui. C't'chemise brillante...

GORBAG : Bas tes sales pattes d'Uruk-Hai !

SHAGRAT : Je la veux !

Au moment où les deux créatures arrivent au sommet de la tour, ils portent la main à leurs armes. Derrière eux surgit une ombre petite et large... Sam !

Informations réservées au MJ

Quand des Orques sont venus récupérer le corps de Frodon, Sam les a entendus dire qu'il n'était que paralysé par le venin.

Si Frodon est libre, les deux créatures se jettent sur lui sans voir Sam. **S'il est attaché,** faire une tentative pour se détacher (ci-dessus) ou être libéré par Sam, prend un Assaut. Impossible de saisir la cotte que l'Orque, même mort, tient serré.

GORBAG BLESSÉ : Défense *facile*, 2 PV

SHAGRAT : Défense *normale*, 4 PV

Quand Shagrat l'Uruk-hai n'a plus qu'1 PV, il pousse un cri formidable et repousse tous ceux qui l'entourent, attrape la cotte de mithril des mains de l'Orque et s'enfuit avec. Impossible de le rattraper.

Vous descendez les escaliers. Vous êtes dans la tour de Cirith Ungol, de l'autre côté des Monts de l'Ombre. Le tunnel d'Arachne vous a bien menés jusqu'au Mordor : au moins là-dessus, Gollum ne vous a pas menti !

La cour est pleine de corps : les Orques et les Uruk-hai se sont entretués en même temps que leurs chefs, ou pour des motifs futiles. Sam, tu as eu une chance folle de passer au travers de la mêlée pour trouver ton maître à temps !

Informations réservées au MJ

Rendre l'Anneau à Frodon est pour Sam une action *normale.* Sur un échec, il le rend quand même, mais souffre d'un malus –1 à son prochain jet. À eux de décider **qui garde Dard.**

S'équiper : Frodon est nu et Sam trop reconnaissable. Les Hobbits récupèrent armures et casques d'Orques (mal ajustés, donc aucun gain de *Défense*) et de courts cimeterres (s'utilisent comme une dague ou une épée). Dard peut être glissée dans un fourreau d'Orque. Les **capes elfiques** doivent être cachées.

S'ils **fouillent la tour**, les PJ trouvent quelques **rations** au goût horrible, qui rendent 1 PV à chaque joueur qui surmonte son dégoût (difficulté *normale*, bonus **sens pratique**). Ils peuvent emmener deux rations chacun. Une caisse contient du matériel de soin grossier (bandages et sel pour les plaies).

Sortir de la tour sera plus facile que d'y entrer... Des Veilleurs ont été sculptés de part et d'autre de la porte, des monstres informes à trois têtes ! Ils ont laissé Sam entrer, mais inutile d'espérer les berner... Un mur invisible se dresse. Impossible d'avancer d'un pas hors de la tour !

Informations réservées au MJ

Franchir le mur invisible est une épreuve de volonté et une action *héroïque*. Chaque échec fait perdre 1 PV. **Si les PJ s'encouragent, chantent, se tiennent par la main ou les épaules,** ils ont un bonus +1. **La discrétion** et **l'Anneau** ne trompent pas les Veilleurs. **La fiole de Galadriel** les effraie (bonus +3).

La volonté des Veilleurs est brisée aussi soudain qu'une corde qui claque ! Vous basculez en avant, libres. Vite, vous courez avant que les gargouilles n'appellent un Nazgûl de leur gorge de pierre ! Devant la tour s'étend un pays de cendres noires, dominé par la masse rouge d'une montagne sur l'horizon. C'est la Montagne du Destin. Entre vous et le volcan, la plaine de Gorgoroth est semée de milliers de camps d'Orques !

Derrière vous, dans l'ombre, un frémissement furtif. Gollum n'a peut-être pas disparu...

Informations réservées au MJ

C'est au tour d'Aragorn, Gandalf, Gimli et Legolas de jouer. Le MJ passe avec eux à l'épisode 7 (s'ils ne sont pas joués, passer à l'épisode 4 avec les Hobbits).

4. La Montagne du Destin

– Avancez, tas de vermines !

Le sergent Orque donne du fouet sur sa troupe en marche. Pas moyen d'y échapper. Votre déguisement a fonctionné à merveille... et même un peu trop. Les Orques vous ont pris pour des déserteurs et forcé à les suivre !

Informations réservées au MJ

Courir le long des routes semées de scories est une épreuve *normale*, avec malus –1 pour Frodon qui porte l'Anneau. Un échec et c'est le fouet (–1 PV).

Le soir venu, on vous laisse tomber en tas près de mauvaises tentes. Vous mourez de faim et de soif. Vous ne savez pas où va cette troupe d'Orques ; la seule certitude, c'est que la Montagne du Destin est désormais plus proche. Que faire ?

Informations réservées au MJ

Manger et boire : « Du bon manger ! » Un Orque vend des rations près d'un trou d'eau boueux, contre une monnaie du Mordor que les PJ n'ont pas. Ils peuvent troquer un repas (1 PV) contre un objet banal ou une bonne plaisanterie (difficulté *faible*, bonus **sens pratique** ; sur une réussite *normale*, l'Orque bavarde et apprend aux PJ que la troupe se rend à la Porte Noire, car une armée de « sales humains du Gondor » approche).

Dormir, utiliser les soins : c'est possible sans danger.

S'évader : les PJ indiquent leur plan au MJ. Chacun jette les dés, ils doivent réussir tous les deux. Frodon, épuisé, ne peut se servir de la **discrétion**. Difficulté *héroïque* sans repos, soins ou nourriture. Difficulté *normale* avec des PJ reposés. Difficulté *facile* avec une diversion (feu, bagarre). Un échec et c'est le fouet pour tous les deux (–1 PV) !

La troupe d'Orques est loin derrière vous maintenant. Aucune route ne traverse la Plaine de Gorgoroth vers votre but, le volcan où l'Anneau fut forgé. Vous avancez sur un sol de pierres volcaniques, les poumons en feu à force de respirer l'air chargé de cendres.

Frodon, l'Anneau te pèse de plus en plus. Tu as l'impression de ne pas pouvoir faire un pas de plus. Que fais-tu ?

Informations réservées au MJ

Dormir, se soigner, manger : efficace uniquement si ce n'a pas déjà été fait au camp Orque.

Se débarrasser de tout son matériel est une solution. Le MJ fait préciser aux joueurs s'ils gardent une arme et laquelle.

Se faire porter par Sam : celui-ci s'écroule au bout d'un kilomètre (–1 PV) s'il ne s'est débarrassé de son équipement d'abord.

La Montagne du Destin ! Enfin, au prix de mille fatigues, vous avez atteint ses pentes... Quelque part là-haut se trouve l'ancienne forge de Sauron. Sans aucun sentier, il va falloir grimper. Mais par quelle face attaquer l'escalade ?

Informations réservées au MJ

Les héros arrivent par le sud. Si Sam ne porte pas Frodon, c'est ce dernier qui lance les dés, avec malus –1 car porter l'Anneau l'épuise.

Face nord : les PJ contournent le volcan (–1 PV) pour se retrouver devant une paroi à pic...

Face est : elle donne sur la tour de Barad-dûr. Grimper avec l'œil dans le dos est une épreuve pénible ! Une réussite *héroïque* permet de trouver un sentier vers la face ouest.

Face sud : une réussite *normale* permet de trouver un sentier vers la face ouest. Un échec et c'est la glissade sur une pente de rocailles ! (–1 PV, faire un autre choix).

Face ouest : orientée vers la Porte Noire. Une réussite *normale* permet de localiser un tunnel en hauteur : la forge !

– Futés les Hobbits. Ils ont trouvé le chemin. *Gollum !*

À quatre pattes sur un rocher en surplomb, la sale petite créature vous montre les dents. Mais comment ce traître vous a-t-il suivis jusqu'ici ?

Informations réservées au MJ

Parlementer, rappeler à Gollum sa promesse, est inutile car il attaque, mais rapporte 1 XP.

Attaquer Gollum de suite (voir sa fiche de PNJ) permet de frapper le premier coup, mais n'est pas en accord avec la nature de Frodon. Frodon est si épuisé qu'il combat avec un malus –1. Gollum s'enfuit après qu'il ait jeté les dés trois fois pour frapper (le MJ note combien de PV lui restent).

Blessés, épuisés, vous vous traînez jusqu'à la porte percée dans le flan du volcan. La Forge du Destin, enfin ! La lave en contrebas rend l'air brûlant et colore d'un rouge sanglant tout ce qu'elle éclaire.

Il n'y a plus qu'à tendre la main et jeter l'Anneau dans le feu d'où il est sorti il y a près de cinq mille ans. Mais ce geste, Frodon, seras-tu capable de le faire ?

Informations réservées au MJ

Pour cela, Frodon doit réussir **trois** jets *héroïques* successifs !

En cas de succès, ce qui est franchement improbable (sauf à utiliser de nombreux XP), Gollum réapparaît et se jette sur Frodon au moment où il lâche l'Anneau...

En cas d'échec, Frodon ne se contrôle plus et voit en Sam un ennemi qui veut lui voler l'Anneau. Sam peut tenter de l'arrêter (action *héroïque*). Dans tous les cas, l'obstiné Gollum apparaît à cet instant et se jette sur son ancien maître...

Gollum s'est jeté sur tes épaules ! Sa poigne est de fer. Impossible de le faire lâcher. Vous dansez ensemble au bord de l'abîme brûlant. Un pas et c'est la mort !

– Précieux, précieux, MON PRÉCIEUX !

Vous voyez soudain Gollum porter quelque chose à la bouche. Ses crocs blancs luisent puis se referment : il t'arrache le doigt, Frodon ! Dansant comme un fou, le petit monstre brandit l'Anneau. Il n'a d'yeux pour rien d'autre !

Que faites-vous ?

Informations réservées au MJ

Frodon est débarrassé du poids de l'Anneau, mais son doigt sectionné inflige un malus –1 pour agir ou combattre.

Pousser Gollum dans la lave ou lui jeter une bonne pierre est une action *héroïque* (malus –1 car Gollum utilisera sa compétence **frénésie**). Un essai par PJ. En cas d'échec, il faut combattre Gollum...

Combattre Gollum ne sera pas facile ! Il utilise son premier Assaut pour enfiler l'Anneau ! Combattre un être invisible se faire avec malus –3. Voir sa fiche de

PJ pour ses caractéristiques. Il a récupéré tous ses PV depuis le dernier combat. **Jeter de la poussière sur Gollum** (action *normale*) le rend visible. Les PJ peuvent le tenter durant leur Assaut au lieu de frapper.

Quand Gollum perd son dernier PV, il bascule dans la lave du haut de la corniche...

Votre coup fauche la créature sautillante juste quand elle allait bondir pour s'enfuir. Gollum trébuche et l'Anneau lui échappe des doigts... Il tend la main pour le saisir au vol... il ne voit pas qu'il vacille au bord de l'abîme !

– NON ! À MOI, À MOI LE PRÉCIEUX !

Et c'est la chute ! Même en plongeant dans les volutes brûlantes, Gollum garde ses énormes yeux fixés sur l'Anneau qui tournoie, plein d'espoir. Traître jusqu'au bout, le bijou lui échappe... Le petit monstre hurle en touchant la lave ; pas un cri de souffrance, mais de joie : il vient de ressaisir l'Anneau... avant d'être englouti par le magma, béat, le regard toujours fixé sur son Précieux...

Épuisés, penchés au-dessus du gouffre ardent, vous voyez le cercle comme posé sur la lave épaisse. Il s'illumine de rouge quand les inscriptions maudites deviennent visibles à la chaleur. Puis l'Anneau frémit et fond en un instant, ne laissant qu'un large cercle noirâtre...

Soudain les entrailles du volcan se réveillent ! La lave bouillonne et monte au fond de la forge... Vite, ou vous allez finir consumés comme l'Unique !

Informations réservées au MJ

Place enfin à l'**Épilogue** !

Gandalf, Aragorn, Gimli et Legolas

5. Le défi

Sur les Champs du Pelennor, les corps et les lances brisées se comptent par centaines. À la fin de la bataille, les hommes du Gondor ont vu le Magicien Blanc quitter la ville, suivi du petit homme en livrée de la Citadelle. Les voilà de retour devant la grande porte, en même temps qu'une civière. Un vieillard y est étendu, les yeux clos : il est mort. Son plastron porte un blason taché de sang. Mais qui sont les étrangers qui l'accompagnent ? Les soldats épuisés craignent une dernière ruse de l'Ennemi.

– Qui va là ?

Informations réservées au MJ

Les soldats de la capitale reconnaissent Gandalf, mais ne laissent passer le groupe que si les PJ déclinent leurs noms et qualités. S'ils refusent, il faudra le sort **intimidation**, ou désigner le blason royal sur le corps de Théoden, ou exhiber fièrement l'épée Anduril.

Impressionnés, les soldats se rangent sur votre passage, avant de vous suivre en une formation presque parfaite. Vous commencez une pénible ascension. D'un niveau à l'autre, vous ne voyez que remparts effondrés et mères en pleurs. Enfin, les rues étroites en ruines donnent sur l'esplanade de l'Arbre blanc. La civière de Théoden est portée ailleurs avec respect. Les portes de la Citadelle s'ouvrent enfin devant vous, avec son trône, sa salle des cartes, son armurerie et ses chambres...

Que faites-vous ?

Informations réservées au MJ

Chaque PJ a droit à une seule action.

Fouiller la salle du trône : des serviteurs accourent et demandent au PJ ce qu'il cherche : cartes, armes, un bon lit... Il peut refaire un choix.

Consulter les cartes, observer depuis le rempart, ou demander un rapport : les informations stratégiques recueillies par le premier PJ qui fait ce choix lui donnent 1 XP.

Se reposer : peu utile car les PJ commencent avec leur maximum de PV.

Appeler un soigneur : il panse les plaies du PJ concerné et lui confie une poche d'**herbe de guérison** (+1 PV).

Demander à manger : le PJ peut garder quelques provisions (+ 1 PV).

Fouiller l'armurerie : un résultat *faible* permet de trouver une dague ordinaire, un résultat *normal* de convaincre l'armurier personnel de Denethor d'aiguiser et équilibrer l'épée, la hache ou les pointes de flèches de ce PJ : l'arme gagne un bonus +1. Le résultat doit être *héroïque* pour améliorer Anduril.

Aller voir Faramir aux Maisons de Guérison : il est trop faible, les soigneurs s'y opposent.

Demander à voir les restes de Denethor : après s'être immolé, l'Intendant s'est jeté des remparts. Les soldats ne retrouvent pas son corps parmi les ruines.

L'heure est venue de tenir conseil.

Une grande bataille a été remportée ! Mais en ce moment, Sauron doit rassembler et réarmer ses troupes au cœur du Mordor, dans la plaine volcanique de Gorgoroth... Exactement là où Frodon doit passer pour atteindre la Montagne du Destin ! Il n'y a qu'une solution : attaquer tout de suite la Porte Noire. Aucune chance de victoire, mais l'armée du Mordor sera attirée loin de Frodon et l'œil de Sauron restera braqué sur vous...

Il faut lancer un défi à l'Ennemi tout de suite, et pour ça, il n'y a qu'un moyen...

Informations réservées au MJ

Soit les joueurs se rappellent du film : pour défier Sauron, Aragorn utilise un Palantir conservé par Denethor. Dans le jeu, celui de Gandalf peut être utilisé.

Soit ils n'y pensent pas, le MJ leur tend alors un papier sur lequel il a inscrit l'anagramme de PALANTIR :

« Désordre

PARLANT I »

Le joueur qui y pense le premier, avec ou sans l'anagramme, gagne 1 XP.

Si ni l'un ni l'autre ne fonctionne, le PNJ Pippin se rappelle soudain avoir entendu la voix de Sauron (scénario 2) quand il fixait la pierre de vision...

Les PJ décident qui va utiliser le Palantir.

Tu soulèves la pierre marbrée entre tes mains. D'abord il ne se passe rien, puis elle s'embrase soudain d'un feu glacé ! Un œil rouge à la pupille fendue, comme celui d'un chat, remplit entièrement le Palantir. Un étau semble serrer tes tempes alors que l'Ennemi attaque ton esprit à coup de boutoir...

Qui va triompher dans ce duel de volonté ?

Informations réservées au MJ

Le MJ demande **quelle image mentale** le joueur évoque pour menacer ou défier Sauron, ou s'il veut **montrer quelque chose via le Palantir.**

Le PJ doit ensuite réussir un jet *héroïque* (bonus +2 en montrant ou évoquant Anduril, l'épée qui mit fin au règne de Sauron, malus –2 en évoquant l'Anneau même détruit, car cela révèle les plans des héros). Le MJ peut valoriser une autre idée.

En cas d'échec, l'assaut mental fait perdre 1 PV. Le héros essaie une autre image mentale jusqu'à réussir. Il ne peut lâcher le Palantir qu'avec un succès, ou en s'évanouissant à 0 PV.

Le Palantir s'éteint soudain et t'échappe des mains pour rouler sur les dalles. C'est gagné ! Sauron n'a pas pénétré tes pensées, mais tu l'as effrayé : son œil s'est détourné de Frodon pour se fixer sur vous !

Informations réservées au MJ

La première partie des aventures de Gandalf, Aragorn, Gimli et Legolas est finie. Le MJ se tourne à nouveau vers Frodon et Sam pour jouer l'épisode 2 (voir l'encadré **ORDRE DU SCÉNARIO**).

6. Le discours d'un Roi

La nouvelle de la mort de l'Intendant et d'un soi-disant roi fait le tour de la cité comme une traînée de poudre. Le peuple s'est massé au pied de la Citadelle. Les soldats sont là aussi, du plus petit sergent jusqu'au capitaine de compagnie. Tous lèvent les yeux vers l'Arbre blanc et attendent. Pour convaincre la foule d'accepter le nouveau roi et le suivre vers la Porte Noire, l'un de vous va devoir leur parler...

Informations réservées au MJ

Aragorn ou tout autre PJ **s'adresse au peuple et à l'armée pour les convaincre** de sa légitimité et de la nécessité d'attaquer le Mordor. **Le PJ fait son discours au MJ**, puis doit réussir un jet *héroïque* avec ces bonus/malus (pouvant ici dépasser +3/–3) :

- parler immédiatement au peuple : +1
- interpeler la foule, utiliser « nous » et « vous » : +1
- raconter les exploits des PJ : +1
- vanter le courage et la grandeur du Gondor et/ou du Rohan : +1
- dire « retour du Roi » : +1
- brandir l'épée Anduril : +1
- Gandalf lance le sort **illumination** : +1
- faire attendre le peuple : –1
- ne dire que « je » : –1
- critiquer l'Intendant Denethor, évoquer son suicide : –1
- se vanter d'avoir défié Sauron, révéler que la bataille sera une diversion : –1
- brandir le Palantir, laisser voir le corps de Théoden : –1
- Gandalf lance le sort **intimidation** : –1

Sur un échec, la foule hue, mais un autre PJ peut tenter sa chance, ou un XP peut être sacrifié pour relancer.

Quand le discours a réussi, les héros sont acclamés et suivis par 1 000 hommes, plus 1 000 autres pour chaque point bonus obtenu lors du discours, sans tenir compte des malus.

Chaque PJ peut proposer une seule idée pour ajouter des renforts : armer les femmes, enrôler les pirates mercenaires d'Umbar, promettre l'amnistie aux prisonniers Harradrims... Le MJ accorde 1 000 hommes par idée valable. **Le MJ et les joueurs notent bien l'effectif total pour l'épisode 7.**

Pendant deux jours, toute la ville s'occupe des préparatifs du départ. On récupère des armes sur les morts, on en forge à la hâte. Le moindre cheval de labour est monté par un cavalier. Pour reprendre espoir, ce peuple n'avait besoin que d'un roi et d'une épée !

Le jour dit, vous chevauchez en avant, et franchissez triomphalement le fleuve à Osgiliath. C'est alors que des flammes éclatent sous les arches de pierre, et que des bêtes volantes apparaissent pour larguer des pierres sur le pont ! Vous êtes coupés du gros de l'armée quand des bandes d'Orques surgissent de trous dans les berges !

Informations réservées au MJ

Isolés, les PJ doivent combattre.

GROUPES D'ORQUES : Défense *héroïque*, 6 PV

La surprise permet aux Orques de frapper les premiers. **La Défense *héroïque* vient de la présence d'un Nazgûl ailé**, qui n'attaque pas mais houspille ses troupes et effraie les chevaux. Le toucher avec une arme de jet (ou faire lever le vent avec **l'appel de la nature**, ou autre sort) le chasse et la Défense des Orques devient *normale*.

Vous sortez vainqueurs du traquenard. Faute de pont, les anciens navires pirates servent de barges pour franchir le fleuve. La nuit approche, mais l'armée finit par se reformer sur la rive et se remet en marche. Désormais, impossible de reculer : le sort en est jeté !

Informations réservées au MJ

Le MJ s'adresse à nouveau aux deux Hobbits pour l'épisode 3.

7. Devant la Porte Noire

Devant la Porte Noire, la tête du messager du Mordor vient de heurter le sol, décollée de ses épaules par votre lame. Dans votre poing, vous serrez la chemise de mailles qu'il exhibait. La cotte de Frodon !

Si le Hobbit a bien été capturé, tout est perdu, et votre combat est perdu d'avance...

Mais il n'est plus temps d'y penser. Déjà la colossale porte de fer s'ouvre pour vomir une multitude d'Orques, d'Uruk-hai et de créatures monstrueuses ! Vous vous repliez **dans un espace plat, avec des collines de cendres à votre gauche et votre droite**. Devant vous, **la plaine grise que vos ennemis doivent traverser** pour atteindre vos premières lignes. Des traits empennés de noir commencent déjà à pleuvoir autour de vous. Où placer vos archers pour riposter et freiner l'ennemi ? Au premier rang, sur les collines, ou en arrière-garde ?

Informations réservées au MJ

Placés au premier rang, les archers sont efficaces mais vite décimés par les flèches et lances adverses. Les PJ **perdent 2 000 hommes**. Ils tuent autant de milliers d'Orques qu'en indique **un dé –1** (ex : un 3 au dé indique 2 000 Orques tués).

Sur les collines qui flanquent l'armée, les archers arrosent la plaine d'une pluie de flèches en tirs croisés, créant une zone d'interdiction. L'ennemi décontenancé a du mal à riposter, surtout contre un front aussi étendu. Les PJ **perdent 1 000 hommes**, et tuent autant de milliers Orques que l'indique **un dé**.

À **l'arrière garde**, les archers sont à l'abri, mais trop loin pour viser juste... Les PJ ne perdent **aucun homme**, et tuent autant de milliers Orques que l'indique **un dé –2**.

Si Legolas est joué, il commande les archers : **+1 au résultat du dé**.

Les cordes des arcs cessent de chanter. Il est temps de se lancer à l'assaut... POUR FRODON ! Vous vous élancez sur la plaine, lames brandies. Le choc des deux armées est colossal : espérons que des hommes vivront pour s'en rappeler !

Informations réservées au MJ

Le MJ et les joueurs ont noté combien d'hommes ont quitté Minas Tirith (voir épisode 6). Les troupes adverses comptent **12 000 Orques**, moins ceux déjà tués par les flèches.

La bataille se déroulera comme un combat ordinaire, en convertissant ainsi :

Défense de départ

Elle diminuera au fil des pertes.

- de 1 000 à 4 000 : Défense *faible*
- de 5 000 à 8 000 : Défense *normale*
- de 9 000 à 12 000 : Défense *héroïque*

Si Aragorn est joué : gain d'un niveau de Défense.

PV

Autant de PV que de milliers d'hommes (donc 5 000 hommes = 5 PV).

C'est l'armée qui perd des PV, et non les joueurs. Une armée à 0 PV est décimée.

Si Gandalf est joué : gain d'1 PV.

Le combat a lieu comme un duel : on détermine l'ordre de bataille, puis un des joueurs et le Meneur lancent alternativement les dés.

Si les joueurs sont en grande difficulté, le MJ autorise Gandalf à jeter un sort sur l'armée adverse en même temps que les PJ lancent les dés ; le résultat à grande échelle est le même que dans un combat ordinaire.

Si les PJ gagnent, passer au combat contre le Troll (ci-dessous). **S'ils perdent**, passer à la fin de l'épisode : **La Porte Noire s'ouvre à nouveau.**

Incroyable, vous l'avez fait : vous avez gagné ! Ou presque : parmi les survivants, **un Troll** gigantesque se dresse et balaie tous vos lieutenants d'un revers de massue. Vos hommes sont trop occupés à se débarrasser des dernières poches de survivants ou à poursuivre les Orques débandés dans les collines. C'est à vous de combattre la créature casquée !

Informations réservées au MJ

C'est un combat ordinaire, tous les PJ participent, les PV sont cette fois les leurs. Le reste de l'armée est occupé avec les derniers survivants.

CHAMPION TROLL : Défense *héroïque*, 6 PV

Si Gimli est joué, il repère les points faibles de la créature et le crie aux autres : bonus +2 pour tous les PJ.

Vous avez vaincu des milliers de ces monstres sur ce champ de bataille, un exploit digne d'être chanté. Mais ce n'était que l'avant-garde de Sauron... **La Porte Noire s'ouvre à nouveau** et des troupes fraîches arrivent ! Les Orques, Trolls et Huruk-hai encerclent vos dernières forces... Vous allez être exterminés !

Vous levez les yeux vers la tour de Barad-dûr et l'œil de Sauron. Si jamais Frodon et Sam sont encore en vie, c'est maintenant qu'ils doivent agir !

Informations réservées au MJ

Le MJ passe à l'épisode 4 avec Sam et Frodon.

Épilogue : Galadriel parle

Les aigles arrivent ! Gwahir, seigneur du vent, répond à mon appel ! Il ne sera pas dit que Galadriel n'a rien fait lors de la Dernière Bataille...

Dans mon Miroir, je vois une pauvre créature disparaître dans les tréfonds du volcan. Dans sa main, un cercle d'or se consume dans la lave : l'Anneau...

Je vois les aigles s'abattre sur la Porte Noire au grand effroi des Orques.

Dans la fumée, deux Hobbits sont perdus sur les pentes de la Montagne du Destin. Et derrière eux, Barad-dûr : un nuage tournoyant et en son milieu, des tours, des remparts, des arsenaux et des cachots. La grande forteresse de Sauron se lézarde... Et comme la tour s'écroule, l'Œil vieux comme le monde s'éteint – ENFIN !

Je vois les armées noires sans chef, dispersées, et les hommes du Gondor survivre par miracle, leur roi à leur tête.

J'entends le froissement d'ailes au-dessus des plaines du Mordor. Pas les Nazgûls. Les aigles. Les aigles à votre secours, Frodon et Samsagace !

À présent Galadriel vous fait ses adieux. Car avec la fin de l'Anneau, un âge de ce monde se termine, et ce livre avec lui...

Informations réservées au MJ

Lisez maintenant la **Dernière page**, ou demandez à un joueur de le faire.

Ce n'est qu'un au revoir...

Ces livres aux belles histoires que Sam aime tant, ceux avec de grandes lettres noires et rouges, se terminent toujours bien : les héros rentrent chez eux avec un trésor, et une princesse finira bien par les épouser... Hélas ! Si tout se passait comme dans les contes !

Oh, il n'y a pas à dire, le couronnement de Grand-Pas, enfin d'Aragorn, pour sûr que c'était du grand spectacle. Même l'Arbre blanc de Minas Tirith en a refleuri de bonheur. Et Arwen, la fille d'Elrond, n'a eu qu'à se présenter sans mot dire devant Aragorn. En l'épousant, elle renonçait à la longue vie des Elfes... Elle lui a fait cadeau de son immortalité, car à quoi bon vivre tous les âges de ce monde si ce n'était pas avec lui ?

De son côté, Gimli avait hâte d'admirer les bois de Legolas, tout comme l'Elfe Sylvestre désirait voir les gemmes scintillant au fond des mines du Nain...

Les Semi-Hommes, eux, ont tout bonnement repris le chemin de la Comté, sous les saluts de tous les peuples libres. En guise de princesse, c'est Rosie Chaumine qui attendait Sam, et les enfants qu'ils auront un jour sont les seuls trésors dont il a besoin. Merry et Pippin, fortifiés par les boissons des Ents, sont revenus plus grands d'une tête... mais surtout avec un peu plus de plomb dans le crâne ! Et il leur en faut, car bientôt ils se retrouveront chefs de leurs familles, et d'une partie du pays : Maître du Pays de Bouc et Thain de la Comté ! Peut-être qu'ils se retiendront de la mettre sens dessus-dessous, mais parions qu'elle ne sera plus jamais la même après ça...

Voilà comment se finit le Troisième Âge de ce monde, et que commence le Quatrième Âge – celui des Hommes. Les derniers Elfes ont pris le chemin des Havres Gris pour regagner leurs terres au-delà des mers. Et tous ceux que l'Anneau a touché les ont accompagnés, afin que le monde reprenne son équilibre. Gandalf, bien sûr, puis Elrond, Galadriel, et Bilbon, désormais bien âgé... et Frodon aussi. Voilà pourquoi Sam lui trouvait l'air si mélancolique : déjà, il savait... Son ancien jardinier, proclamé Maire de Hobbitebourg, aurait sacrifié volontiers tous ses honneurs pour vivre une journée de plus auprès de son ancien maître, même sur les routes du Mordor !

Mais il n'est plus temps de pleurer. Sur cette fin mi-douce mi-amère, le moment est venu de refermer le livre...

Adieu, *namariё*,

Notes

NOTES